地震デリバティブ
EARTHQUAKE DERIVATIVE
と自然災害リスク投資

藤田 浩一
Koichi Fujita

文芸社

地震デリバティブ
と自然災害リスク投資

CONTENTS

はじめに …………………………………………………6

chapter I 地震デリバティブの紹介 …………………11
1 地震デリバティブとは　13
2 クレジット・デリバティブとの比較　15
3 企業向け地震保険との比較　18
4 地震デリバティブにおける「地震」の定義　21

chapter II 地震デリバティブの商品構成と取扱実務 ……25
1 契約書のフレームワーク　27
2 確認書に使われている定義の説明　36
3 取引の約定手続　47
4 保証料の計算方法　50
5 補償額の確定方法　52
6 補償額の支払手続　55
7 補償枠の再設定　58
8 予備震度観測点の利用　62

chapter III 地震デリバティブの活用方法 …………65
1 生産拠点集中型・製造業向け地震デリバティブ　68

2　特定地域対象型・サービス業向け地震デリバティブ　79
　　3　全国展開型・小売業向け地震デリバティブ　94
　　4　地震デリバティブの定型化・小口化　111
　　5　インデックスタイプ自然災害デリバティブ　120

chapter IV　地震デリバティブのプレーヤー　127
　　1　再保険会社　129
　　2　保険ブローカー　131
　　3　損害保険会社　133
　　4　金融機関　134

特別寄稿　二つの巨大地震　岩崎　智哉　博士　136

chapter V　自然災害リスク投資　143
　　1　カタストロフィー・ボンドとは　147
　　2　カタストロフィー・ボンドの市場と歴史　161
　　3　カタストロフィー・ボンド市場の参加者　169
　　4　カタストロフィー・ボンドの利用　173

おわりに　178

はじめに

　内閣総理大臣を会長とし内閣府に設置されている中央防災会議では、いくつかの報告書の中で巨大地震による被害想定額を以下のように発表している。

> 95.3兆円　　首都直下地震
> 57兆円　　　東南海・南海地震
> 37兆円　　　東海地震

　また、内閣府（防災担当）が2011年（平成23年）6月24日に発表した「東日本大震災における被害額の推計について（http://www.bousai.go.jp/2011daishinsai/pdf/110624-1kisya.pdf）」では、同震災による被害額の総額を16兆9千億円と発表している。これらの数値を単純に比較すると、首都直下地震では東日本大震災の約5.6倍、東南海・南海地震では約3.3倍、東海地震では約2.2倍の損失が予想される。

　東日本大震災により大きな影響を被った企業の2011年3月期の決算内容を見ると、損益計算書の特別損失の項目及びその注記において企業が受けた経済的な影響が数値で確認できる。

資源関連業者

<u>災害による損失　　　　　126,022百万円</u>

災害損失引当金繰入額（復旧費用等）　109,106百万円

棚卸資産・固定資産減失損　　　　　　6,766百万円

休止期間中の固定費等　　　　　　　10,150百万円

機械製造業者

<u>災害による損失　　　　　73,750百万円</u>

被災した資産の原状回復費用及び撤去費用　49,464百万円

災害による操業休止期間中の固定費　　20,120百万円

その他関連損失　　　　　　　　　　　4,165百万円

資材製造業者

<u>震災損失　　　　　　　　62,752百万円</u>

固定資産の原状回復費用　　　　　　45,275百万円

棚卸資産の減失等　　　　　　　　　11,612百万円

その他　　　　　　　　　　　　　　5,865百万円

※上記は東日本大震災の影響が深刻であった企業や業種を特定する目的で参照するものではない。

　地震による企業の損失といえば、一般的には工場及びそれに設置された生産設備や商業施設などの固定資産、及び在庫商品の物理的損害を想像する。しかし、実際にはそれ以上の資金負担や財務問題が発生し、企業がその事業活動を回復・継続するためには、周到な対策を事前

に整えることが要求される。

　巨大自然災害が起きた場合、本来の生産・営業体制は甚大な影響を受け、通常の事業活動を回復するまでの資金負担として原状回復費用が必要となる。東日本大震災のような大規模な自然災害の場合、その原状回復費用は侮れる金額ではなく、企業の年間の損益に多大な影響を与える水準であったことが当時の決算内容から確認される。また、財務報告書には明確に反映されない影響として、巨大自然災害が引き起こす自社設備や周辺インフラストラクチャーの不稼働による事業活動の中断と、それに起因する売上高減少を認識しなければならない。その結果、通常時において期待していた利益が実現できないという逸失利益が発生し、最終的に税引後利益の減少から配当の減額という事態に至る可能性がある。

　巨大自然災害が企業の事業活動に多大な影響を及ぼすことは明白で、日本において巨大地震はその中でも最たるリスク要因である。企業においてはリスク・マネジメントとリスク・ファイナンスという2段階でその影響を最小限にとどめる努力を行っているが、必ずしもその手法は確立されているわけではない。巨大地震という特定リスクが企業に及ぼす影響への対策として、以下が現段階における一般的な内容であると推察される。

地震による影響	リスク・マネジメント	リスク・ファイナンス
①物的損害	耐震対策	損害保険
②逸失利益	BCPによる極小化	損害保険（限定的）
③原状回復費用	BCPによる事前準備	損害保険（限定的）
④短期資金繰り	BCPによる事前準備	コミットメントライン
⑤中長期資金調達計画	対象外	検討課題

　損害保険はその歴史が長く、地震に対するリスク・ファイナンス手法として頻繁に利用されている。しかし、損害保険が最も機能するのは①への影響にとどまっており、②及び③に関しては限定的な効果、④及び⑤に関しては直接的な貢献は期待できない。こうした巨大地震に対するリスク・ファイナンスが十分とは言えない環境にあって、地震デリバティブは①～⑤への対策として幅広くかつ新しい選択肢を提供することが可能で、その有効活用により巨大地震によって企業が直面する財務問題の解決へ極めて有効に貢献する可能性を持っている。

chapter I

地震デリバティブの紹介

chapter I 地震デリバティブの紹介

　巨大自然災害デリバティブや自然災害リスク投資と呼ばれる金融商品は、再保険市場や国際金融市場が混在する「Convergence」と呼ばれる領域で取り扱われており、主に再保険とファイナンスを融合する手法により新しい商品が開発されている。地震デリバティブもその領域で取り扱われる店頭デリバティブの一つで、現段階においては限定された金融機関・損害保険会社・再保険会社・大企業の間で取引されている希少な金融商品である。

　この章では、こうした限定された専門家のみで取引されている地震デリバティブの概要を、

1. 地震デリバティブとは
2. クレジット・デリバティブとの比較
3. 企業向け地震保険との比較
4. 地震デリバティブにおける「地震」の定義

を説明することによって紹介する。

1 地震デリバティブとは

ここでは、地震デリバティブを提供する法人を補償提供者（以下、「補償提供者」）、地震デリバティブを購入する法人を受益者（以下、「受益者」）と呼ぶこととする。

地震デリバティブを簡潔に表現すると、

1) 受益者は一定の保証料を契約開始前に補償提供者に支払う
2) 契約期間中に定義された地震が発生した場合、補償提供者は事前に約定した金額を受益者に支払う
3) 契約期間中に定義された地震が発生しない場合、補償提供者は受益者に対して支払い義務はない

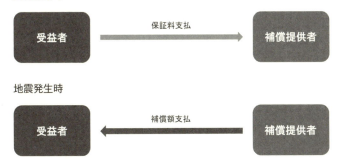

chapter I 地震デリバティブの紹介

実際に取引されている地震デリバティブは、基本的概念は上記に従うものではあるものの、個別取引においては契約当事者間で数多くの項目を確認した上で契約に至っている。

日本において現在取引されている多くの金融商品の中で、特定の事象に伴って発生する損害を補償するものとして、クレジット・デリバティブと企業向け地震保険と呼ばれる金融商品・保険商品がある。地震デリバティブはクレジット・デリバティブと企業向け地震保険の両方の特性を利用し、さらに地震に関連する専門的な情報を参照することで新たに開発された金融商品である。

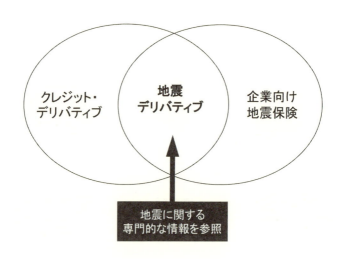

2 クレジット・デリバティブとの比較

　クレジット・デリバティブは信用リスクの移転を目的として利用される金融商品で、クレジット・デフォルト・スワップという取引形態が地震デリバティブの契約書のモデルになっている。特定の自然災害リスクを投資対象として1990年代後半に発行されたカタストロフィー・ボンドの中で利用されたリスク移転契約が地震デリバティブの原型と考えられ、2000年頃になって証券化プログラムの裏付けを有しないリスク移転契約の手法として地震デリバティブが形成されたようだ。

　カタストロフィー・ボンドの証券化プログラムでは、特別目的会社（以下の図では「SPC」）が発行する社債を投資家が購入する。その際に投資家が払い込んだ資金が信託機関に金融資産として期日まで預けられ、SPCによる補償額の支払能力を担保する。リスク移転契約において規定された補償額支払の対象となる地震がリスク期間内に発生した場合、証券化プログラムが機能して預かっている金融資産が受益者に支払われる。一方で、対象となる地震が発生しなければ、金融資産は投資家に償還される。こうした受益者と特別目的会社の間で締結さ

れるオプション契約がリスク移転契約である。

カタストロフィー・ボンドにおけるリスク移転契約

　リスク移転契約には補償額が支払われる場合の条件が詳細に記載されている。このリスク移転契約をクレジット・デリバティブの手法に置き換えると多くの部分がデリバティブ取引の一般的な実務に吸収され、地震に関する特有な定義と案件ごとの個別条件を確認するだけで契約が可能となる。

　クレジット・デリバティブにおいては、補償額の支払を決定するために信用リスクを定義している。地震デリバティブではその定義を地震に関連する用語に置き換えている。したがって、信用リスクに関連する企業の倒産・債務不履行などといった用語は地震デリバティブの契約書にはなく、代わりに地震に関する情報の取扱方法などが採用されている。

カタストロフィー・ボンドで利用されているリスク移転契約では補償提供者が特別目的会社であり、地震デリバティブにおける補償提供者は金融機関・保険会社・再保険会社（またはその金融子会社）といった実態のある法人であることから、これらの契約は全く同様な内容にはなっていない。

3 企業向け地震保険との比較

　企業向け地震保険は損害保険会社が企業向けに提供している保険商品の一つで、地震の発生に伴って被保険者である企業に生じた損害を補塡することを目的として日本国内において募集されている。しかし、このような呼称では一般的に流通しておらず、企業が購入する火災保険において免責となっている地震に関連して発生する損害を追加担保する手法を利用して構成しているため、一般的には火災保険（地震拡張担保付）などと呼ばれている。

　ここでは、地震デリバティブの説明をわかりやすくするため、保険種目の名称にかかわらず地震の発生に起因した企業の損害を補償する保険商品を「企業向け地震保険」と総称する。なお、個人向けに広く流通している「地震保険」という保険商品も存在するが、これは主として家計部門への保障を目的としたものであり、地震デリバティブとは異なる市場において取引されていることから、ここにおいては特に参照しない。

　企業向け地震保険の特性を以下にあげる。

1) 地震により企業に生じた物的損害を補填する（物損補償）
2) 地震により企業に生じた物的損害を起因として生じた逸失利益を補填する（利益補償）
3) 地震により企業に生じた物的損害を起因として中断された企業活動を再開するための費用を補填する（費用補償）

　地震・台風・ハリケーン・洪水のような巨大自然災害は、そのリスクを補償する損害保険会社に甚大な損害をもたらす可能性があり、多くの国で保険の引受が限定されているケースが多い。日本の保険市場もその例外ではなく、中でも地震リスクに関しては損害保険会社が積極的に引き受ける状況ではないようだ。特に利益補償や費用補償は、こうした環境において容易に調達できるものではなく、地震リスクを抱える企業は物損補償に依存せざるを得ないのが実情だと見受けられる。

　一方で、東日本大震災で影響を被った複数の上場企業の有価証券報告書を見ると、相当額の原状回復費用が計上されていることが読み取れる。実際に巨大震災が発生した場合には費用補償が重要であることが推察され、ここに地震デリバティブが近年注目されるに至った所以がある。

chapter I 地震デリバティブの紹介

　建築技術の向上と周到な地震リスクマネジメントにより物理的な損害要因は減少傾向にあると考えられ、地震によって生じる逸失利益の減少と、中断された事業活動を一日でも早く原状復帰するための費用負担に、企業経営の関心が推移していると見受けられる。

　地震デリバティブの基本的構成として、企業向け地震保険の保険金請求に要求されているような、地震による物的損害の証明などの提出は必要なく、公共に提供される地震データの確認により補償額を受領できる手続が確立されている。また、地震規模の拡大につれて受領する補償額が増加する仕組で、受益者が受領する補償額の使途には制限がないため、巨大地震のようなまれに発生する想定外の環境における補償額の適用効果は極めて大きい。

　一方、企業向け地震保険の保険金の請求では損害査定が原則的に必要なため、事故発生後の事務負担は避けられない。特に巨大地震の場合は保険金請求が多発するため、保険金受領に至るまでにかなりの時間的猶予が必要とされる。こうした点を比較すると、地震デリバティブは予測不可能な事態に対応するファイナンス手法として適性が高いといえる。一方、企業向け地震保険は被害想定が可能な物的損害に対する補償や小中規模の地震から生じる損害に対して有効な手法だと考えられる。

4 地震デリバティブにおける「地震」の定義

 ここで、地震デリバティブを象徴する「地震」の解決について整理しておく。一般的な常識として理解されている「地震」という言葉と、地震デリバティブの契約書やその運用に使われている用語としての「地震」の間にはある程度の乖離がある。地震デリバティブはあくまで金融商品であり、金融市場のルールに従った運用が要求される。このため、日常的に使われている「地震」という言葉は厳格に定義されなければならない。

 一般に広く浸透している地震に関する情報としては、テレビニュースの地震速報や新聞における報道記事であろう。それらは公共報道機関が提供している情報であり、当然信頼に値するものであることは間違いないが、地震デリバティブの定義として取り扱うのには以下のような障害がある。

- テレビニュースの地震速報は記録としての保存が困難
- 速報値は将来変更される可能性がある
- 海外における関与者に共有することが困難

chapter I 地震デリバティブの紹介

　こうした問題点を考慮して、日本国内（及びその近海）で発生する地震を対象とした地震デリバティブにおいては、日本の気象庁（以下、「気象庁」）が公表するデータを利用することが定着している。これは、1990年代後半に日本の地震を投資対象としたカタストロフィー・ボンドの組成において、気象庁の公表データを参照情報としたことが発端と考えられる。

　英文の契約書ではJMA Monthly Reportとして紹介されており、「地震・火山月報（防災編）●付録1　震度1以上を観測した地震の表（以下、「地震・火山月報」）」のことを示している。気象庁の公表データは日本国内において幅広く利用され、日本の国民生活においても重要な役割を果たしている。

　こうした信頼性が高く特定の利益に影響されない中立な情報を利用することにより、地震デリバティブが取引関係者の間で公平に運用されることが担保される。

　つまり、地震デリバティブにおいて定義されている「地震」とは、気象庁が公表する地震に関するデータで確認されるイベントを意味している。

　気象庁の公表データは、地震デリバティブの関係者にとって重要な参照情報として現段階において位置づけられており、今後もこの傾向は続くと想定される。一方で、

将来登場するかもしれない新しいデータやその公表方法が、地震デリバティブの参照情報として否定される必要性もなく、市場で活躍するプレーヤーの研究により新たな商品が開発されることが期待される。

chapter II

地震デリバティブの商品構成と取扱実務

chapter II 地震デリバティブの商品構成と取扱実務

　地震デリバティブは、現段階においては英文の契約書で約定されることが多い。契約書のフレームワークといくつかの定義はクレジット・デリバティブを応用しているが、信用リスクに伴う損失補填を行うのではなく、地震の規模や震源の場所など発生した地震に関する情報を利用して補償額を決定する仕組となっている。

　この章においては、

1. 契約書のフレームワーク
2. 確認書に使われている定義の説明
3. 取引の約定手続
4. 保証料の計算方法
5. 補償額の確定方法
6. 補償額の支払手続
7. 補償枠の再設定
8. 予備震度観測点の利用

の側面から地震デリバティブの商品構成と取扱実務を説明する。

1 契約書のフレームワーク

　地震デリバティブに関する基本的な契約書は、クレジット・デリバティブに用いられている契約書と同様である。この背景としては、地震に関するリスクを他者に転嫁する手法として伝統的に損害保険が用いられていたが、転嫁するリスクの内容が保険の対象である物的損害から、地震リスク分析などの手法を利用して計算される想定損失額に代替されたため、リスク移転を実現する手法としてデリバティブ契約が適しているとの判断が考えられる。また、受益者サイドに大きな需要があるにもかかわらず、損害保険会社による保険引受の許容量が追いつかないため、代替的な解決策を模索した受益者が金融機関に相談を持ちかけるようになり、その金融機関の商品開発の過程で類似した金融商品としてのクレジット・デリバティブが応用しやすかったという経緯も、その背景の一つと考えられる。

　地震デリバティブの契約書は、基本的に以下の構成となっている。

| ISDAマスター契約書 ＋ 確認書 ＋ 算定代行者契約書 |

このうち、ISDAマスター契約書はクレジット・デリバティブの取引で通常用いられている契約形態のため、ここにおいては概要のみを記載する。

なお、現段階において地震デリバティブの契約書は英文で準備されるケースが多いため、今後の説明において各用語の後ろの括弧内にオリジナルの英語・英文を追記している。したがって、日本語表記は著者の判断によるものである。

①ISDAマスター契約書 (ISDA Master Agreement)

受益者と補償提供者の間で締結されるデリバティブ取引全般を規定した基本契約書。受益者及び補償提供者の2者間で締結される。スワップやオプションなどの多くのデリバティブ取引を実行するための基本的な枠組を規定している。

「スケジュール（Schedule）」及び「クレジット・サポート・アネックス（Credit Support Annext）」と呼ばれる添付書式でISDAマスター契約書に付随する取り決めや確認を行っており、本説明においてはそれらを含めてISDAマスター契約書と呼ぶ。

②確認書 (Confirmation)

　個別の地震デリバティブの取引内容を記載した契約書。受益者及び補償提供者の2者間で締結される。

　個別の取引条件は契約締結前の約1カ月程度で受益者と補償提供者によって準備され、細部にわたって内容の確認が行われる。全ての条件がこの確認書によって合意された後、受益者と補償提供者が確認書に署名することによって地震デリバティブの契約が締結される。

　確認書ではリスク移転の方法に関する以下の項目が主として記載されている。確認書は個別契約ごとに作成されるため、それぞれの契約当事者や取引条件に応じて柔軟に作成されるが、ある程度共通したルールが確立されつつあり、結果的に以下の項目が頻繁に定義として利用されている。なお、各項目の中で紹介されているそれぞれの定義については、後述の【契約書に使われている定義の説明】において説明を行う。

契約当事者・関係者	地震デリバティブの当事者、及びデリバティブ取引を実行する上で必要な関係者を規定： 1) 補償提供者（Party A） 2) 受益者（Party B） 3) 算定代行者（Calculation Agent） 4) レポート機関（Reporting Agency）
契約期間・時期	地震デリバティブの契約締結や取引実務に関する時間設定・補償額支払の対象となる地震発生の認定に関する時間設定の規定： 1) 契約締結日（Trade Date） 2) 契約有効日（Effective Date） 3) 保証料支払日（Fixed Amount Payment Date） 4) 補償額支払日（Floating Amount Payment Date） 5) 契約解除日（Termination Date） 6) 延長解除日（Extended Termination Date） 7) リスク期間（Risk Period） 8) 30日期間（30-Day Period） 9) 契約残存期間（Remaining Period）
補償枠・補償額	地震が発生したことを条件に補償提供者が受益者に支払う金額に関連する定義。地震規模の拡大に応じて金額を増額する方法が多く利用されている。地震デリバティブの契約期間中に複数の地震が発生する可能性があるため、いくつかの定義によって補償額を規定： 1) 当初補償枠（Original Notional Amount） 2) 現在補償枠（Outstanding Notional Amount） 3) 補償額（Floating Amount） 4) 支払事由額（Event Amount）
補償額の支払事由	補償額の支払を決定するための事象で、気象庁が発行するレポートの記載内容。現段階での地震デリバティブは「震度タイプ」と「マグニチュードタイプ」の二つがあり、それぞれのタイプに応じた規定を採用： 1) 支払事由（Event） 2) 支払事由通知（Trigger Event Notice） 3) 対象レポート（Applicable Report） 4) 気象庁地震・火山月報（JMA Monthly Report）

保証料	地震デリバティブを購入するためのリスクプレミアム。契約期間分の一括前払が多いが、個別契約において支払方法を決定する。多くのパターンに共通して採用されているのは以下の規定： 1) 保証料 (Fixed Amount) 2) 保証料率 (Fixed Rate) 3) 延長保証料 (Second Fixed Amount) 4) 延長保証料率 (Second Fixed Rate)
不測時の対応	日本（及びその近海）において発生した地震を支払対象とした地震デリバティブの場合、気象庁の公表データを補償額の確定要因としている。しかし、その公表データに個別案件の対象となる情報が含まれていない場合や、データ自体が公表されない場合が想定される。こうした状況における対応として、確認書の中で代替手法を規定している。なお、代替手法については特定の方法が確立されてはいないので、個別契約において適切な代替方法を当事者で検討することも可能。これまでの案件では以下の定義で代替手法が規定されている： 1) 代替レポート (Fallback Report) 2) 代替レポート機関 (Sub Reporting Agency)

③算定代行者契約書 (Calculation Agent Agreement)

地震が発生した際に、その地震に関する公表数値を確認する役割を担う機関を算定代行者（以下、「算定代行者」）と呼ぶ。この契約書は、算定代行者、受益者及び補償提供者の3者間で締結される。なお、専門家同士による相対取引などで算定代行者契約書のないデリバティブ契約もあり、算定代行者契約書の締結は地震デリバ

ティブ取引の必須要件ではない。

　この契約書には、算定代行者の指名、算定代行者が提供するサービスの内容、算定代行者のサービス提供方法が記載されている。算定代行者は、受益者及び補償提供者のどちらに対しても利害関係のない中立的立場にあり、当然のことながら地震という事象に対して専門的知識を有している機関が採用される。

　地震や台風などの巨大災害を及ぼす自然現象については、損害予測を行う専門会社が複数存在し、多くのサービスや情報を有償・無償で提供している。彼らは一般的に「リスクモデリング会社」と呼ばれており、カタストロフィー・ボンドの発行の際に格付けの根拠となるリスクモデルを提供している。現段階ではAIR Worldwide社、EQECAT社、Risk Management Solutions社がそのようなサービスを提供する機関として金融市場において認知されているようだ。

　算定代行者は以下のサービスを受益者及び補償提供者に提供する。

（A）　気象庁が発行する地震・火山月報の調査
（B）　支払事由に該当する地震、及び該当する可能性のある

地震の情報とそれを掲載した地震・火山月報の提供
（C）　支払事由通知の準備と提出

　上記の（B）において「支払事由に該当する地震」だけではなく「支払事由に該当する可能性のある地震」としているのは、支払事由に該当しなくとも、それに近い地震について受益者が幅広く算定代行者に情報提供を要請していることが背景にある。地震デリバティブの補償対象となるような巨大地震については、その余震や他の地域で発生した地震の影響を受ける場合がある。発生した地震が支払事由に該当するかどうかの結果だけではなく、その周辺情報についても確認することは潜在的なリスクを認識する観点から意義がある。

　このため、算定代行者契約書では「支払事由に該当する地震」の条件を下回る規模の地震に関する情報提供も要求されている。震度タイプの地震デリバティブの場合、震度6弱からの地震を支払事由としていることが多い。この場合は震度5強以上の地震に関して上記の（A）及び（B）のサービスを算定代行者は受益者と補償提供者に対して提供している。

　算定代行者が提供するサービスの内容と同様に重要なのが、サービス提供のタイミングである。地震デリバティブが企業向け地震保険と比較して有効な要因の一つ

は、補償額支払の迅速性であろう。地震デリバティブでは支払事由に該当する地震の発生から補償額の支払までの期間を2カ月〜3カ月に設定しているため、算定代行者のサービスは極めて迅速に提供されなければならない。

気象庁はカレンダー月(その月の1日から最終日まで)に発生した地震のデータを、翌月の20日を目処に地震・火山月報として公表している。これを参考として、支払事由に該当する地震が報告された地震・火山月報の発行日を起点とし、算定代行者のサービスを何日以内に実施するかが算定代行者契約書に規定されている。参考事例として以下を紹介する。

a. 「支払事由に該当する地震」が地震・火山月報に報告された場合、該当する地震・火山月報の発行日から2営業日以内に受益者にその通知を行う

b. 「支払事由に該当する地震」が地震・火山月報に報告された場合、該当する地震・火山月報の発行日から5営業日以内に支払事由通知書を準備して受益者に提供する

c. 「支払事由に該当する可能性のある地震」が地震・火山月報に報告された場合、該当する地震・火山月報の発行日から5営業日以内に受益者にその通知を行う

「支払事由に該当する可能性のある地震」の通知では、地震の発生日時とその規模を報告することが要求される。一方、「支払事由に該当する地震」の場合は、地震の発生日時とその規模に加えて、支払事由に該当する地震によって支払われる補償額などの地震デリバティブの取引に関する情報も報告される。

chapter II 地震デリバティブの商品構成と取扱実務

2 確認書に使われている定義の説明

　地震デリバティブの契約書はクレジット・デリバティブのそれを基本に構成されている。クレジット・デリバティブでは補償額の支払に関する定義は企業の活動や信用状況に関連する事由(倒産・債務不履行など)を参照しているが、地震デリバティブにおいては気象庁が公表しているデータを参照しているため、使用している用語やその定義も全く異なった内容となっている。ここでは地震デリバティブの特徴として、特に際立っている定義について説明を行う。

①支払事由 (Event)

　補償額を支払う根拠となる事象で、「気象庁の発行した地震・火山月報に掲載され、支払事由条件を充足している地震」をいう。支払事由に該当する地震が発生した場合、その日から「30日期間 (30-Day Period)」が経過を始める。この30日期間中に発生した地震は全て一つの支払事由としてカウントされるため、さらに大規模な地震が後で発生した場合は、規模が大きい方の地震が支払事由とみなされる。

地震・火山月報ではカレンダー月に発生した地震がレポートされるため、30日期間が二つの連続した地震・火山月報にまたがる可能性がある。この場合、最初の地震・火山月報に基づいて補償額を暫定的に決定するか、またはその翌月の地震・火山月報の発行まで待機した後で補償額を確定するのか、その時々の状況において受益者が選択する必要がある。

　一方、支払事由に該当する地震が発生し、30日を超えた日にさらに支払事由に該当する地震が発生した場合、二つの地震は別個の支払事由とみなされ、補償額も別々に支払われる。

②支払事由条件 (Event Conditions)

　支払事由を構成する地震の条件。地震デリバティブのタイプによってそれぞれの要件が設定される。

震度タイプ	震度観測点（Earthquake Reference Measuring Point） 震度（Seismic Intensity）
マグニチュードタイプ	地理的条件（Location Condition） 深度条件（Depth Condition） 規模的条件（Magnitude Condition）

③支払事由額 (Event Amount)

　一定規模以上の地震が地震・火山月報でレポートされた場合、その規模に応じて受益者に支払われる補償額の設定条件。地震デリバティブのタイプによって設定方法が異なる。また、地震の規模に応じたパーセンテージで表記する方法を採用する場合が多く（以下の事例参照）、当初補償枠に対してパーセンテージを乗する形式で支払事由額が確定される。

震度タイプ

計測震度	パーセンテージ
6.5以上	100%
6.4	90%
6.3	80%
6.2	70%
6.1	60%
6.0	50%
5.9	40%
5.8	30%
5.7	20%
5.6	10%
5.6未満	0%

マグニチュードタイプ

マグニチュード	パーセンテージ
7.9以上	100%
7.8	90%
7.7	80%
7.6	70%
7.5	60%
7.4	50%
7.3	40%
7.2	30%
7.1	20%
7.0	10%
7.0未満	0%

　震度タイプの場合、幅広く知られている「震度6弱」や「震度6強」と呼ばれる震度階級を利用することも可

能。上記のテーブルは支払事由スケジュール（以下、「支払事由スケジュール」）と規定されており、補償枠減額要因（Notional Reduction Factor）とも規定されることがある。

また、特定の規模以上の地震が発生した場合、補償額全額を支払うデジタル型の設定も可能である。

④支払事由通知 (Trigger Event Notice)

支払事由額が確定した後で、受益者が補償提供者に補償額を請求する書面通知。震度タイプとマグニチュードタイプにより内容・形式が異なるが、基本的な項目として「支払事由に該当する地震の発生日時とその規模、参照される地震・火山月報の発行年月、その段階における補償枠、支払事由に該当する地震によって支払われる補償額、その補償額の支払が実施された後の補償枠」などを記載する。

なお、支払事由通知は算定代行者がそのドラフトを準備して受益者と補償提供者に回覧し、その内容を双方が確認した後に正式に受益者が補償提供者に提出する方法を取っている。また、支払通知内容に疑義がある場合、受益者・補償提供者ともにその内容を検証する期間が数日間設定されている。

最終的な支払事由通知は該当する地震・火山月報の発

行から10営業日程度で提出され、その後3営業日程度で補償額が支払われる。したがって、地震・火山月報の対象月の初日の地震発生の場合はその日から67日程度、地震・火山月報の対象月の末日の地震発生の場合はその日から37日程度の期間で補償額は支払われる仕組となっている。

⑤当初補償枠 (Original Notional Amount)

地震デリバティブの契約期間中に補償提供者が受益者に支払う補償額の最大金額。複数年契約の地震デリバティブで、その期間中に補償額が分割して支払われる場合、その上限金額となる。

3年契約・当初補償枠が50億円、1回目の地震で20億円の補償額が支払われた場合、残りの期間中に30億円以上の支払事由に該当する地震が発生しても、3年間の合計の補償額が50億円を超えることはない。

⑥現在補償枠 (Outstanding Notional Amount)

地震デリバティブの契約期間中に補償提供者が受益者に支払う補償額の、その時々の最大金額。3年契約・当初補償枠が50億円の地震デリバティブで、期間中に最初の補償額が20億円支払われた場合、その段階におけ

る現在補償額は30億円となる。

⑦補償額 (Floating Amount)

　補償提供者が支払事由額の確定により受益者に支払う金額。30日期間において複数の支払事由が発生した場合、いくつかの支払事由額の中で最大金額が補償額となる。3年契約・当初補償枠50億円の地震デリバティブにおいて、最初の補償額が40億円支払われ、残存期間中にさらに支払事由額30億円の地震が発生した場合、2回目の補償額は10億円となる。

⑧契約締結日 (Trade Date)

　地震デリバティブ契約が約定される日。クレジット・デリバティブの取引同様に電話で締結し（電子メールの場合もある）、その後にファクシミリや電子メールで書面確認を行う。

⑨契約有効日 (Effective Date)

　約定された地震デリバティブ契約が有効となる日。保証料の支払が完了した段階で補償提供者のリスク引受が確定するので、保証料支払日と同日に設定される。

⑩ リスク期間 (Risk Period)

支払事由に該当する地震の発生日時を確定する定義。「〇年〇月〇日00：00：00 am（Tokyo time）から〇年〇月〇日11：59：59 pm（Tokyo time）」のように記載される。「期間3年の地震デリバティブ」という表現をした場合、一般的にはこのリスク期間が3年であることを表現している。

⑪ 契約解除日 (Termination Date)

地震デリバティブの契約が解除される日。この定義は、

(i) 契約当初に設定された契約終了日
(ii) 早期に解除された場合の契約終了日
(iii) 契約が延長された場合の契約終了日

などを規定している。

(i)はリスク期間終了日の10～20営業日程度を目処として設定される。(ii)は契約期間の早い段階で補償枠が全額支払われた場合などに適用される。(iii)は何らかの事情で契約を延長する場合の規定で、支払事由に該当する地震が発生したと推測されるが、地震・火山月報の発行が

遅延する場合などに利用される。

⑫ 30日期間 (30 – Day Period)

　支払事由に該当する地震が発生した場合、その日から経過する30日間を規定し、その期間中に発生した全ての地震を一つのイベントとしてカウントする定義。したがって、30日間が始まってさらに大規模な地震が30日以内に発生した場合は、規模の大きい2回目（またはそれ以降）の地震が支払事由とみなされる。この定義は、「1カ月間（One Month Period）」といった表現でも定義される場合がある。地震・火山月報ではカレンダー月に発生した地震がレポートされるため、30日期間の定義で確定される期間と地震・火山月報が対象にする1カ月間とが一致しないケースが生じる。この場合の対応については、①支払事由（P. 36 〜 37）の定義を参照。

⑬ 対象レポート (Applicable Report)

　気象庁が通常通りに地震・火山月報を発行する前提で、支払事由に該当する地震がレポートされている月のデータを掲載した地震・火山月報が採用される。
　しかし、一定期間（例えば6カ月）を経過しても気象庁が地震・火山月報を発行しない場合、または発行して

も地震デリバティブの支払事由を確定するデータが含まれていない場合、代替レポートが使用される。

⑭代替レポート (Fallback Report)

一定期間（例えば6カ月）を経過しても気象庁が地震・火山月報を発行しない場合、または発行しても地震デリバティブの支払事由を確定するデータが含まれていない場合、それに代わるレポートの規定。気象庁が発行するプレスリリースやホームページの掲載情報などがそれに相当する。なお、マグニチュードタイプの地震デリバティブの場合、米国地質調査機関（The United State Geological Survey）の公表データも代用レポートの一つとして採用されることがある。

⑮気象庁地震・火山月報 (JMA Monthly Report)

気象庁が毎月20日頃に発行している地震・火山月報（防災編）。この報告書に添付されている「付録1　震度1以上を観測した地震の表」に、「地震番号、震源時、震央地名、緯度、経度、深さ、規模、各地の震度（計測震度）」が記載されている。

> ●付録1．震度1以上を観測した地震の表
>
> [表：震度1以上を観測した地震の一覧（地震番号、震源時、震央地名、各地の震度、緯度、経度、深さ、規模）]
>
> 出典：気象庁発行　平成27年7月　地震・火山月報（防災編）

⑯レポート機関 (Reporting Agency)

日本（及びその近海）で発生する地震を支払事由の対象とする場合、日本の気象庁を指定。

⑰震度観測点 (Earthquake Reference Measuring Point)

震度タイプの地震デリバティブにおいて、支払事由の確定のために選定する震度観測点。個別案件ごとに受益者と補償提供者で決定される。契約期間中に選定された震度観測点の使用が中止される場合、新たに震度観測点を選定する必要がある。その際に当初に選定された震度観測点から著しく離れた震度観測点を指定すると、地震

デリバティブのリスク・プロファイルが契約当初のものから変わってしまう可能性があるため、当初の震度観測点に地理的に最も近い震度観測点を新しい震度観測点として選定することが規定されている。なお、新しい震度観測点が近隣になくなる場合、早期契約解除（Early Termination）の手続がとられる可能性もある。

⑱予備震度観測点 (Earthquake Back-up Measuring Point)

震度タイプの地震デリバティブにおいて、支払事由の確定のために選定された震度観測点に関するデータが地震・火山月報に掲載されない場合、代替手段として利用するために選定された震度観測点。大事をとって複数の予備震度観測点が選定され、その採用の優先順位も規定される。

3 取引の約定手続

　地震デリバティブの約定は1カ月程度の期間をかけ、以下の4つのプロセスで行われる。

(i) 補償枠の引受可能性の事前問い合わせ

　電話やミーティングの中で行われる。市場で頻繁に取り扱われている金融商品の場合、その提供が全く行われないという典型的な状況は想像し難い。

　しかし、地震デリバティブにおいては商品提供者が限定されていること、発生確率が高いとされている特定の地震への警戒感などから、取引関係者は引受可能性を定期的に確認している。特に約定の3カ月前あたりから、直前になって取引が不成立にならないよう、補償提供者と受益者は地震デリバティブの引受状況を頻繁に確認している。

(ii) 個別案件の大まかな条件に対するコミットメント

　タームシートと呼ばれる概要書(以下、「タームシート」)を通して行われ、震度タイプの地震デリバティブでは、当初補償枠、リスク期間、保証料率、案件への採用が予想される震度観測点、支払事由スケジュールなど

が記載される。タームシートは拘束力のない情報提供程度のもの（以下、「インディケーション」）と、特定の条件を前提として地震デリバティブの引受を約束するレベルのもの（以下、「ファーム・オファー」）に分かれ、この違いはタームシートに明確に記載される。補償提供者はファーム・オファーを提出した後で引受を拒否することが原則できないので、その提出以前に社内の引受審査を終了していることが前提となる。以下は日本語訳のタームシートの例（海外との取引では英文で準備される）。

当初補償枠	100億円			
リスク期間	2017年1月1日から 2019年12月31日まで			
保証料率	2.00% per annum（年率）			
震度観測点	名称：東京国際空港 住所：大田区羽田空港3-3-1			
支払事由 スケジュール	計測震度	パーセンテージ	計測震度	パーセンテージ
	6.5以上	100%	6.0	50%
	6.4	90%	5.9	40%
	6.3	80%	5.8	30%
	6.2	70%	5.7	20%
	6.1	60%	5.6	10%
			5.6未満	0%

⑶ ドキュメンテーション

　ドキュメンテーションとは確認書と算定代行者契約書の作成作業で、契約締結前の2～3週間で行われる。タームシートでは必要最低限の条件のみが確認されるが、ドキュメンテーションのプロセスでは確認書に記載される全ての項目について、補償提供者と受益者が内容を精査する。ファーム・オファーには「Subject to satisfactory documentation」といったような表現が挿入されているが、これは「満足できるドキュメンテーションでなければファーム・オファーは有効ではない」という条件を示すものである。

⑷ 契約の締結

　契約の締結は他のデリバティブ商品の取り扱いと同様のプロセスで行われる。補償提供者と受益者の担当者が電話や電子メールでファーム・オファーに記載された内容を確認する。それに基づいて用意された確認書に補償提供者と受益者が署名を行い、ファクシミリや電子メールで交換をすることによって完了する。また、算定代行者契約書の署名は、補償提供者・受益者・算定代行者で確認書の署名と同時並行して行われる。

4 保証料の計算方法

　地震デリバティブはクレジット・デリバティブの基本的なオペレーション形態を利用しているため、保証料の算出もクレジット・デリバティブで採用されている計算方法が適用される。計算実例のため、以下の前提条件を想定する。

契約締結日	2017年12月20日	保証料計算に関係しない
契約有効日	2017年12月28日	保証料計算に関係しない
保証料支払日	2017年12月28日	保証料計算に関係しない
リスク期間	2017年1月1日から2019年12月31日まで	開始日が保険料計算に関係。終了日は保険料計算に関係しない
契約解除日	2020年1月10日	保証料計算に関係
当初補償枠	100億円	保証料計算に関係
保証料率	2.00% per annum（年率）	保証料計算に関係

　地震デリバティブの確認書では、契約期間中の保険料計算を以下の計算方式で行うことを規定している。

$$保証料 = 当初補償枠 \times 保証料率 \times 実日数 \div 360$$

　2017年1月1日から2020年1月10日までの実日数は

1,104日、少数以下は切捨として、保証料は以下の通りに計算される。

> 保証料：613,333,333円 = 100億円 × 2.00% × 1,104 ÷ 360

「÷360」とされているのは通常のデリバティブ取引がこの計算方法を採用しているためで、地震デリバティブにおいてもその方法にしたがっている。

chapter II 地震デリバティブの商品構成と取扱実務

5 補償額の確定方法

　地震デリバティブの取引において最も重要な項目であり、実際に発生した地震のデータを利用して説明する。支払事由の対象となる地震を、「2011年3月15日 静岡県東部地震」と想定する。この地震のデータは「平成23年3月 地震・火山月報（防災編）●付録1．震度1以上を観測した地震の表（3月11日14時46分以降の地震）」のP.282〜283（以下の表）に掲載されている。

| 105 | 15 22 31 | 静岡県東部 | 35° 18.5′ N | 138° 42.8′ E | 14km | M：6.4 |

静岡県
6強 富士宮市野中＊=6.3 富士宮市弓沢町=6.0
5弱 御殿場市萩原＊=4.9 御殿場市萩原＊=4.8 小山町藤曲＊=4.7 富士市本市場＊=4.5 富士市永田町＊=4.5
　　富士市岩岡＊=4.5
　4 伊豆の国市長岡＊=4.4 裾野市佐野＊=4.4 静岡市水防寛庭＊=4.4 静岡清水区蒲原新栄＊=4.4
　　三島市東本町＊=4.3 富士宮市長貫＊=4.2 沼津市高島本町＊=4.2 函南町平井＊=4.1
　　伊豆の国市四日町＊=4.0 三島大社町＊=3.9 静岡清水区千歳町＊=3.9 静岡清水区旭町＊=3.9
　　長泉町中土狩＊=3.8 沼津市御幸町＊=3.8 沼津市戸田＊=3.8 伊豆の国市田京＊=3.7
　　静岡葵区駒形通＊=3.7 熱海市中央町＊=3.7 熱海市泉＊=3.6 静岡駿河区曲金＊=3.6

- 282 -

平成23年3月　地震・火山月報（防災編）

| 地震番号 | 撮源時 日時分 | 震央地名 各地の震度（計測震度） | 緯度 | 経度 | 深さ | 規模 |

藤枝市岡部町岡部＊=3.5 静岡葵区駿ヶ島＝3.5
　3 熱海伊豆仲代＊=3.4 湖西市古美＊=3.4 浜松北区三ヶ日町＊=3.3 河津町田中＊=3.3 西伊豆町宇久須＊=3.3
　　静岡葵区追手町県庁＊=3.3 静岡菊川市廣赤土＊=3.3 熱海市水口町＊=3.2 東伊豆町奈良本＊=3.2
　　藤枝市岡粟山中＊=3.2 牧之原市相良＊=3.2 袋井市浅名＊=3.2 浜松北区細江町＊=3.2
　　島田市金谷代官町＊=3.1 伊豆市八幡＊=3.0 焼津市本町＊=3.0 御前崎市御前崎＊=2.9 伊東市大原＝2.8
　　藤枝市下之郷＊=2.8 御殿場市深沢＊=2.8 焼津市宗高＊=2.8 磐田市竜洋中央＊=2.8 磐田市福田＊=2.8
　　袋井市笠原＊=2.8 御前崎市白羽＊=2.8 菊川市堀之内＊=2.8 浜松天竜区佐久間町＊=2.8
　　島田市川根町家山＊=2.7 袋井市住吉＊=2.7 掛川市西大渕＊=2.7 掛川市三俣＊=2.7 浜松中区元城町＊=2.7
　　伊豆市土肥＊=2.6 伊豆市市山＊=2.6 牧之原市鬼女新田＊=2.6 掛川市長谷＊=2.6
　　湖西市新居町浜名＊=2.6 浜松中区三尾町＊=2.6 浜松西区舞阪町＊=2.6 川根本町上長尾＊=2.6
　　磐田市岡＊=2.5 御前崎地頭方新田＊=2.5 浜松北区引佐町＊=2.5 下田市中＊=2.5 松崎町江奈＊=2.5
　　西伊豆町仁科＊=2.5
　2 藤枝市若王子＊=2.4 藤枝市岡部町朝比奈＊=2.4 下田市中須賀野＊=2.3
　　川根本町町東藤川＊=2.3 静岡葵区駒形通＊=2.3 浜松天竜区春野町＊=2.3 東伊豆町稲取＊=2.1
　　伊豆下田町南面郷＊=2.1 磐田市見付付＊=2.1 磐田国府台＊=2.1 浜松浜北区西高美町＊=2.1
　　南伊豆町入間＊=1.7 浜松天竜区二俣町鹿島＊=1.7 浜松天竜区龍山町＊=1.5
　　浜松北区滝沢町＊=1.3

出典：気象庁発行　平成23年3月 地震・火山月報（防災編）

一方、静岡県東部地震に先だって、以下のタームシートの内容の震度タイプの地震デリバティブが、2011年1月1日より開始したと仮定する。

当初補償枠	100億円			
リスク期間	2011年1月1日から2013年12月31日まで			
保証料率	2.00% per annum（年率）			
震度観測点	名称：富士宮市弓沢町 住所：富士宮市弓沢町150（富士宮市役所）			
支払事由スケジュール	計測震度	パーセンテージ	計測震度	パーセンテージ
	6.5以上	100%	6.0	50%
	6.4	90%	5.9	40%
	6.3	80%	5.8	30%
	6.2	70%	5.7	20%
	6.1	60%	5.6	10%
			5.6未満	0%

平成23年3月地震・火山月報から、震度観測点（富士宮市弓沢町）でレポートされている計測震度は6.0で、支払事由に記載されている支払事由スケジュールの50％に該当することが確認できる。また、地震デリバティブの確認書では、支払事由額を以下の計算方式で行うことを規定している。

> 支払事由額＝当初補償枠×パーセンテージ

したがって、2011年3月15日静岡県東部の地震によって補償提供者が受益者に支払う補償額は以下となる。

> 支払事由額・補償額：50億円 = 100億円 × 50％

参考までに、2011年5月15日に静岡県東部で別の地震が発生し、その月の地震・火山月報において震度観測点（富士宮市弓沢町）で計測震度6.2がレポートされたと仮定する。この場合の支払事由額は以下の計算となる。

> 支払事由額：70億円 = 100億円 × 70％

一方で、地震デリバティブの確認書においては、支払事由額の契約期間中の合計額は当初補償枠（この場合は100億円）を超過しないと規定されている。したがって、1回目の支払事由額（50億円）と2回目の支払事由額（70億円）の合計が120億円となるため、当初補償枠（100億円）を超過する20億円は補償額の対象とはならず、補償提供者が受益者に支払う2回目の補償額は以下となる。

> 補償額：50億円 = 70億円 − 20億円

6 補償額の支払手続

　地震デリバティブの補償額の支払手続は、地震・火山月報が気象庁によって発行された日から開始される。気象庁は地震・火山月報について、「翌月20日頃発行」とホームページで紹介している。したがって、カレンダー月に発生した地震の結果はその翌月の20日頃に確認可能だが、地震・火山月報の発行が遅れた場合はその遅延日数分だけ全ての手続が先送りとなる。

　カレンダー月に発生した地震が支払事由に該当するかどうかは算定代行者が地震・火山月報から判断し、該当する地震が確認された場合は、地震・火山月報の発行から2営業日以内に補償提供者と受益者に報告を行う。

　また、算定代行者は支払事由を確認した段階で支払事由通知を作成し、受益者と補償提供者に2営業日以内に提出する。なお、算定代行者は支払事由通知と合わせて、支払事由を認定した根拠となる地震・火山月報の提出も義務づけられている。

　受益者は算定代行者から提出された支払事由通知と地震・火山月報を精査し、内容に間違いがなければ補償提供者に支払事由通知を提出する。支払事由通知の提出時

期は、「地震・火山月報の発行日から10営業日目(またはそれ以降)」としているケースが多い。

補償提供者は、受益者から提出された支払事由通知の受領から3営業日程度で補償額を送金する。

したがって、受益者が補償額を受領する日程は以下となる。

補償額の受領日＝地震・火山月報の発行日＋13営業日

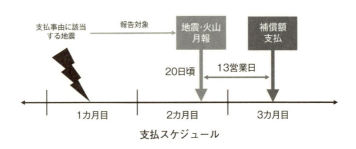

支払スケジュール

地震の発生日を起点にすると、月末日に地震が発生、13営業日内に土・日曜日が二度到来(実日数は17日)、それ以外の休日がない場合、最短で地震発生日から38日目(1日＋20日＋17日)に受益者は補償額を受領することができる。一方、月初日に地震が発生した場合、その月が31日間だとすると、地震発生日から68日目(31日＋20日＋17日)に受益者は補償額を受領することとなる。

なお、休日の定義の中にニューヨークやロンドンが挿入されている場合があるので、日本以外の国の休日も考慮して補償額の受領日を想定する必要がある。

地震・火山月報の発行月と補償額の支払日

地震・火山月報の発行月	補償額の受領日	地震・火山月報の発行月	補償額の受領日
1月	同年3月9日	7月	同年9月6日
2月	同年4月6日	8月	同年10月7日
3月	同年5月7日	9月	同年11月6日
4月	同年6月6日	10月	同年12月7日
5月	同年7月7日	11月	翌年1月6日
6月	同年8月6日	12月	翌年2月6日

※：1. 日本の祝日及び他国の休日等は勘案していない
　　2. 閏年の1月に発行される地震・火山月報による補償金の支払は、同年の3月8日となる。

7 補償枠の再設定

地震デリバティブでは、契約期間中に当初補償枠の一部が補償額として支払われるケースがある。この場合、補償額の支払日以降に補償枠が再設定され、その後の支払事由額を確定する支払事由スケジュールが再設定される。ここでは地震デリバティブにおいて採用されている一般的な再設定方法を説明する。

期間3年で補償枠50億円の震度タイプの地震デリバティブを想定する。支払事由スケジュールは以下の通り。

震度タイプ（契約当初の補償枠）

計測震度	パーセンテージ	支払事由額(※)
6.5以上	100%	50億円
6.4	90%	45億円
6.3	80%	40億円
6.2	70%	35億円
6.1	60%	30億円
6.0	50%	25億円
5.9	40%	20億円
5.8	30%	15億円
5.7	20%	10億円
5.6	10%	5億円
5.6未満	0%	0円

※支払事由額＝当初補償枠×パーセンテージ

当初1年間において計測震度5.9の地震が発生し、その他の条件も充足して支払事由と認定された場合、補償提供者は受益者に20億円を補償額として支払う。これによって補償枠は30億円に減額される。この場合、20億円の補償額を支払った後の支払事由スケジュールは以下のように自動的に再設定される。

震度タイプ（補償枠が30億円に減額）

計測震度	パーセンテージ	支払事由額（※）
6.1以上	60%	30億円
6.0	50%	25億円
5.9	40%	20億円
5.8	30%	15億円
5.7	20%	10億円
5.6	10%	5億円
5.6未満	0%	0円

※支払事由額＝当初補償枠×パーセンテージ

上記の再設定は「ドロップダウン」と呼ばれる方法で、計測震度5.6〜5.9に相当する補償額が支払われた場合、残りの補償枠30億円が計測震度5.6以上のレベルに下方設定される。

補償枠が20億円減額されたことから、支払事由を決定するスケジュール全体が40％縮小されて以下の支払事由スケジュールに変更する方法も検討できる。しかし、

7 補償枠の再設定

現段階で取引されている地震デリバティブではそのような設定条件は採用されていない。

震度タイプ（補償枠が30億円に減額）

計測震度	パーセンテージ	支払事由額（※）
6.5以上	100%	30億円
6.4	90%	27億円
6.3	80%	24億円
6.2	70%	21億円
6.1	60%	18億円
6.0	50%	15億円
5.9	40%	12億円
5.8	30%	9億円
5.7	20%	6億円
5.6	10%	3億円
5.6未満	0%	0円

※支払事由額＝現在補償枠×パーセンテージ

　また、計測震度5.9の地震によって計測震度5.6〜5.9に相当する20億円減額されたことから、支払事由スケジュールの下部分が減額された以下の支払事由スケジュールに変更する方法も検討できるが、現段階で取引されている地震デリバティブではそのような設定条件は取られていない。

震度タイプ(補償枠が30億円に減額)

計測震度	パーセンテージ	支払事由額(※)
6.5以上	100%→60%	30億円
6.4	90%→60%	30億円
6.3	80%→60%	30億円
6.2	70%→60%	30億円
6.1	60%	30億円
6.0	50%	25億円
6.0未満	0%	0円

※支払事由額=当初補償枠×パーセンテージ

8 予備震度観測点の利用

　震度タイプの地震デリバティブにおいては、確認書の中で予備震度観測点を規定している。支払事由の確定のために選定された震度観測点に関するデータが地震・火山月報に掲載されない場合を想定して、代替手段として利用するための予備的観測点2カ所（または3カ所以上）を採用している。支払事由の確定のために決定された震度観測点近隣の震度観測点が一般的には選ばれている。以下は選定の事例である。

定義	震度観測点名称	観測点所在地
震度観測点	東京千代田区大手町	千代田区大手町1-3-4 （気象庁）
予備震度観測点1	東京港区海岸	東京都港区海岸3-4-14 （芝消防署芝浦出張所）
予備震度観測点2	東京墨田区横川	墨田区横川4-6-6 （本所消防署）

　上記3つの観測点の採用優先順位も確認書の中で規定されており、震度観測点のデータが記載されている場合は震度観測点の計測震度、震度観測点のデータが記載されていない場合は予備震度観測点1のそれ、震度観測点及び予備震度観測点1のデータが記載されていない場合

は予備震度観測点2のそれとなる。これを整理すると以下のマトリックスとなる。

	ケースA	ケースB	ケースC
震度観測点	○	×	×
予備震度観測点1	○または×	○	×
予備震度観測点2	○または×	○または×	○
採用観測点	東京千代田区 大手町	東京港区 海岸	東京墨田区 横川

地震デリバティブの活用方法

chapter III 地震デリバティブの活用方法

　特定のリスクに対する財務上の対策をリスク・ファイナンスと呼んでいる。巨大地震による大規模損害については、被害の影響が多岐にわたる可能性があるため、企業は多面的なリスク・ファイナンス手法を導入している。
　リスク・ファイナンス手法の検討に際しては、財務の健全性維持のため、想定される損失額を適正コストにより効率的に減少することが重要である。

　企業向け地震保険では、保険金の目的が地震によって生じる(i)物損補償、(ii)利益補償、(iii)費用補償に特定されている。一方で、地震デリバティブの場合には補償額の資金使途に制限はなく、短期的な資金需要への対応としても効果がある。また、銀行によるコミットメント・ラインと呼ばれる借入枠の設定では、不可抗力（Force Majeureと呼ばれる）や金融市場の混乱時における借入実行の制限がなければ、キャッシュ・フロー対応として効果を発揮する。地震デリバティブ、企業向け地震保険、コミットメント・ラインのそれぞれが長所・短所を持ち合わせており、企業は効果的な組み合わせによるリスク・ファイナンス計画を検討している。

　この章では、いくつかの事例をもとに地震デリバティブの活用方法を説明するとともに、企業向け地震保険やコミットメント・ラインとの比較や効果的な使い分けを

説明する。また、地震デリバティブを応用することで開発される新しいプログラムを地震リスク・ファイナンスの未来像として紹介する。

1. 生産拠点集中型・製造業向け地震デリバティブ
2. 特定地域対象型・サービス業向け地震デリバティブ
3. 全国展開型・小売業向け地震デリバティブ
4. 地震デリバティブの定型化・小口化
5. インデックスタイプ自然災害デリバティブ

リスクが現実に生じた場合、リスク・ファイナンスにより期待していた損失の減少額と実際の効果とが一致しないケースがありえる。こうした乖離はベーシス・リスクと呼ばれており、この章の説明でもこの定義を利用することにする。

1 生産拠点集中型・製造業向け地震デリバティブ

　首都圏〜東海〜近畿圏には製造業者の主要生産拠点が数多く立地しており、巨大地震の発生による設備や建物の損壊による製造中止や、周辺インフラストラクチャーの不稼働・不機能による事業全体の中断リスクが常に存在する。また、リスク要因として東海・東南海・南海地震という差し迫った要因があげられる。平成17年3月の中央防災会議（http://www.bousai.go.jp/jishin/nankai/pdf/nankaitrough_genjou.pdf）において、東海地震の地震防災戦略（概要）で約37兆円、東南海・南海地震の地震防災戦略（概要）において約57兆円の経済被害額を想定している。

①対象事業の前提

　受益者は愛知県内に製造工場を保有する企業で、事業概要・事業規模は以下を前提とする。なお、この前提は実在する企業の情報ではなく、地震デリバティブを説明するために準備した仮想内容のため、実際の企業活動から生じる結果とは異なる可能性がある。

業種	化学品製造
住所	愛知県知多郡美浜町河和
年平均売上高	約1,460億円
年平均営業利益	約183億円
1日当たりの営業利益	約0.5億円
建物・設備・在庫等の平均金額	約900億円

　また、想定される地震の規模を中規模・大規模・最大規模の3クラスとし、それぞれの地震が発生した場合の影響を物的損害・逸失利益・原状回復費用の金額で想定する。なお、これらの金額は過去の事例や専門的なリスク分析などを根拠に算出したものではなく、地震デリバティブの経済的効果を説明することを目的に著者の裁量で仮定したものである。

	中規模地震 (震度5強)	大規模地震 (震度6弱)	最大規模地震 (震度6強)
物的損害	2億円	10億円	50億円
逸失利益(＊1)	1億円	5億円	30億円
原状回復費用(＊2)	3億円	15億円	40億円
合計	6億円	30億円	120億円

(＊1) 事業中断の期間は、中規模地震で2日、大規模地震で10日、最大規模地震で60日を想定
(＊2) 地震発生から3カ月間に発生する金額を想定

②想定される地震のシナリオ

　想定される地震に関する情報は、国立研究開発法人・防災科学技術研究所（以下、「NIED」）が公表している地震ハザードステーション（http://www.j-shis.bosai.go.jp/）から取得した。この地域が「30年震度5強以上の揺れ」に見舞われる確率は以下と報告されている。

> 30年　震度5強以上の揺れに見舞われる確率：26％超
> 30年　震度6弱以上の揺れに見舞われる確率：26％超
> 30年　震度6強以上の揺れに見舞われる確率：6〜26％

30年　震度6強以上の揺れに見舞われる確率の分布

③地震デリバティブの条件設定

NIEDの報告から、かなり大きい揺れの地震が予想される。震度タイプの地震デリバティブを選択、計測震度5.5（震度階級6弱）からの支払事由額を想定し、計測震度6.4（震度階級6強）レベルで最大の補償額を受領できる設定とする。

当初補償枠	100億円		
リスク期間	2017年1月1日から 2019年12月31日まで		
契約解除日	2020年1月10日（計算日数1,104日）		
保証料率	2.25% per annum（年率）		
保証料	690,000,000円（一括前払い）		
震度観測点	名称：南知多町豊浜 住所：愛知県知多郡南知多町大字豊浜字貝ヶ坪18		
支払事由 スケジュール	計測震度	震度階級	パーセンテージ
	6.4以上	6強以上	100%
	6.3		90%
	6.2		80%
	6.1		70%
	6.0		60%
	5.9	6弱	50%
	5.8		40%
	5.7		30%
	5.6		20%
	5.5		10%
	5.5未満	5強以下	0%

震度観測点の位置

④地震デリバティブの効果

　地震デリバティブのリスク期間（2017年1月1日〜2019年12月31日）に以下の2通りの複数の地震が発生したと仮定する。

> **ケースA**
> 　2018年3月15日（本震）　　　　　　　　　計測震度6.0
> 　2018年4月　9日（3月15日の地震の余震）　計測震度5.6

> **ケースB**
>
> 2018年3月15日（本震）　　　　　　　　計測震度6.0
> 2018年4月20日（3月15日の地震の余震）　計測震度5.6

　本震の計測震度6.0による支払事由額は60億円（＝100億円×60％）、余震の計測震度5.6による支払事由額は20億円（＝100億円×20％）が計算される。ここで確認が必要なのは、ケースAの余震は本震の発生から25日後に発生していることである。「30日期間」の定義が適用されて本震と余震は一つの支払事由として認識されるため、本震と余震のいずれか最大値が支払事由の対象となり、本震の計測震度6.0による支払事由額60億円のみが補償額として確定する。

> ケースAの補償額：60億円

　2018年3月15日の本震による補償額の支払後、支払事由スケジュールは以下に再設定される。

支払事由スケジュール（再設定後）

計測震度	震度階級	パーセンテージ
5.8以上	6弱以上	40％
5.7		30％
5.6		20％
5.5		10％
5.5未満	5強以下	0％

一方、ケースBの場合の余震は4月20日に発生しており、本震の発生から36日が経過している。したがって、「30日期間」の定義が適用されず、3月15日の本震と4月20日の余震は別の支払事由として認定される。この場合、本震の計測震度6.0による支払事由額60億円（＝100億円×60％）と余震の計測震度5.6による支払事由額20億円（＝100億円×20％）が別々の補償額として確定する。

> ケースBの補償額：80億円（＝60億円＋20億円）

2018年3月15日の本震と4月20日の余震による補償額の支払後、支払事由スケジュールは以下に再設定される。

支払事由スケジュール(再設定後)

計測震度	震度階級	パーセンテージ
5.6以上	6弱以上	20%
5.5		10%
5.5未満	5強以下	0%

2018年3月15日の本震は同年3月地震・火山月報（4月20日頃発行）に、2018年4月20日の余震は同年4月地震・火山月報（5月20日頃発行）に記載される。したがって、本震による60億円の支払は2018年5月7日に、

ケースBの余震による20億円の支払は同年6月6日に支払われることになる。なお、4月下旬から5月上旬にかけてはゴールデンウィークによる休日が数日入るため、本震による60億円の支払は実際には2018年5月7日よりも遅れることは避けられない。

⑤地震デリバティブ以外の
　地震リスク・ファイナンスの検討

　設定された地震デリバティブにより、計測震度6.0（震度6強）では60億円が、計測震度5.6（震度6弱）では20億円（ケースBの場合のみ）の補償額を受け取ることが可能なので、予想される震度6強や震度6弱の地震が及ぼすであろう損失額の50％以上が補塡される。

　これは、特に地震発生後の早期段階で必要となる原状回復費用には十分な金額と考えられる。また、地震発生から2～3カ月で資金使途に制限のない補償額を受領すれば、企業活動を回復するための資金手当として効果は大きい。

　さらに、地震が発生した決算期において多額の原状回復費用が損失として計上される場合、地震デリバティブの補償額が収入として認識され、損益決算書における利益の減少幅を抑制する効果としても貢献度は高い。

chapter Ⅲ 地震デリバティブの活用方法

　大規模地震の場合、過去に経験のなかった事態のために実際の損害や原状回復費用が事前に想定していたものと大きく乖離する可能性も否定できない。例えば、物的損害は極めて限定された金額にとどまったが、人件費や資材の高騰により原状回復費用が想定の何倍もかかってしまうような状況も考えられる。その際、地震デリバティブは補償額の使用目的に制限がないので、企業は資金を必要な目的に配分することが可能となる。

　ここで問題となるのは、発生した地震による揺れが震度6弱に満たない場合の企業への影響である。本事例における中規模地震（震度5強）が発生した場合でもある程度の損害が予想されるが、地震デリバティブからの補償額は期待できない。したがって、自社で全ての損失を吸収・負担することとなり、ベーシス・リスクが生じる。

　企業向け地震保険では被保険者である企業が実際の被害状況を報告して保険金請求を行うことで、保険証券上の免責金額を超過した損失や費用負担の実額が補償枠の範囲で保険金として支払われる。したがって、ベーシス・リスクは免責金額に限定されるため、中規模以下の地震による影響に対しては、企業向け地震保険の方が地震デリバティブよりも適していると考えられる。

一方で、企業向け地震保険における保険金の受領手続には保険会社の査定が伴うため、物損補償の保険金は地震発生から約半年後（またはそれ以降）、利益補償の保険金は地震発生から約1年後（またはそれ以降）に支払われるのが一般的で、地震直後の資金調達手段としての効果には限界がある。また、費用補償は原則的に出費の証明（領収書や見積書など）が要求されるため、費用の発生時やその支払以前に保険金を受領することはできない。なお、利益補償と費用補償（特に原状回復を目的とする）の効果については、企業が早期の現状復帰を実現するために多額の資金を投入した場合、必然的に逸失利益は圧縮され利益補償の保険金が減少するという相反関係があることを、保険設計の際に留意すべきである。

　大企業・中堅企業であれば一定額の流動資金はある程度の余裕を持って準備しているので、中規模地震による被害や費用負担については自己資金で対応できるであろう。したがって、保険金を短期間で受領することが必ずしも優先課題にはならないかもしれない。一方、地震による物的損害や原状回復費用の負担は明らかに企業の損益に影響する要因となるので、企業向け地震保険は地震発生時の決算対応としても重要である。

	企業向け地震保険	地震デリバティブ
ベーシス・リスク	少ない（費用を除く）	あり
保険金・補償額の受領までの期間	半年から1年程度（さらに長期化する場合もある）	2～3カ月程度
保険金・補償額の使途	特定目的に限定	自由

前述の通り、地震デリバティブと企業向け地震保険とは地震の規模によってその効果が異なる。したがって、地震デリバティブと企業向け地震保険どちらか一つを選択するのではなく、二つの商品を併用して地震リスク・ファイナンスのプログラムを構成するのが、効率的な運用方法と考えられる。

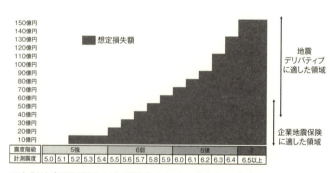

※上記は専門用語などを説明するために分かりやすくグラフにしたものであり、リスク分析や商品設計の実例を紹介するものではない。仮想の数値を引用しているため、実務とは異なる部分もある。

2 特定地域対象型・サービス業向け地震デリバティブ

　中央防災会議・首都直下地震対策検討ワーキンググループは、平成25年12月に「首都直下地震の被害想定と対策について（最終報告）」（以下、「中央防災会議最終報告」）を発表した。この報告書の中で、首都直下地震対策を推進すべき地震像・津波像の検討対象として、マグニチュード（以下、「M」）による表示で「首都直下のM7クラスの地震」の事例を紹介している。

　ここでは単に建物被害のみにとどまらず、首都中枢機能への影響なども想定されており、首都圏を営業拠点とする企業は自社の損害にとどまらず経済活動全体の停滞から受ける影響が推察できる。

①対象事業の前提

　受益者は首都圏広域に公共サービスを提供する企業で、事業概要・事業規模は以下を前提とする。なお、この前提は実在する企業の情報ではなく、地震デリバティブを説明するために準備した仮想の内容のため、実際の企業活動から生じる結果とは異なる可能性がある。

業種	首都圏対象の公共サービス
営業範囲	首都圏全域
年平均売上高	約4,000億円
年平均営業利益	約365億円
1日当たりの営業利益	約1億円
建物・設備・在庫等の平均金額	約3,600億円

また、想定される地震の規模を中規模・大規模・最大規模の3クラスとし、それぞれの地震が発生した場合の影響を物的損害・逸失利益・原状回復費用の金額で想定する。なお、これらの金額は過去の事例や専門的なリスク分析などを根拠に算出したものではなく、地震デリバティブの経済的効果を説明することを目的に著者の裁量で仮定したものである。

	中規模地震 (M6.8)	大規模地震 (M7.1)	最大規模地震 (M7.5)
物的損害	5億円	20億円	90億円
逸失利益(＊1)	2億円	10億円	30億円
原状回復費用(＊2)	8億円	30億円	120億円
合計	15億円	60億円	240億円

(＊1) 事業中断の期間は、中規模地震で2日、大規模地震で10日、最大規模地震で30日を想定
(＊2) 地震発生から半年間に発生する金額を想定

②想定される地震のシナリオ

　中央防災会議・首都直下地震対策検討ワーキンググループは、中央防災会議最終報告の中で首都直下で想定する地震として以下を紹介している。

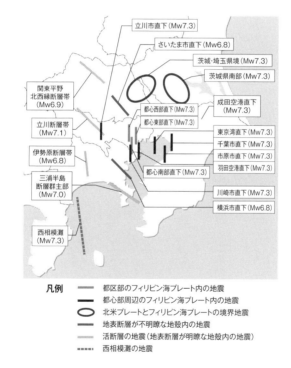

首都直下モデル検討会において検討対象とした地震について

③地震デリバティブの条件設定

マグニチュードタイプの地震デリバティブを選択、M7.1からの支払事由額を想定し、M8.0レベルで100％の補償額が受領できる設定とする。タームシートは以下の通り。

当初補償枠	200億円
リスク期間	2017年1月1日から2019年12月31日まで
契約解除日	2020年1月10日（計算日数1,104日）
保証料率	3.75% per annum（年率）
保証料	2,300,000,000円（一括前払い）
震源の位置	気象庁本庁（経度35度41分22秒；東経139時45分42秒）を中心とする半径60kmの円の中
震源の深さ	60km

マグニチュード	パーセンテージ	マグニチュード	パーセンテージ
8.0以上	100%	7.5	50%
7.9	90%	7.4	40%
7.8	80%	7.3	30%
7.7	70%	7.2	20%
7.6	60%	7.1	10%
		7.1未満	0%

震源の位置

④地震デリバティブの効果

　地震デリバティブのリスク期間（2017年1月1日〜2019年12月31日）に以下の二通りの複数の地震が発生したと仮定する。

ケースC（震源の位置・深さともに条件を満たす）

2018年6月30日	都心東部直下	M7.6
2019年8月 1日	三浦半島断層群主部	M7.2

> **ケースD**（震源の位置・深さともに条件を満たす）
> 2018年6月30日　　　都心東部直下　　　　　　M7.7
> 2019年8月 1日　　　三浦半島断層群主部　　　M7.4

　ケースCにおいて、2018年6月30日の都心東部直下地震でM7.6が報告されているので、この地震による支払事由額は120億円（＝200億円×60％）と計算される。6月30日から30日以内にM7.6を超える規模の地震は発生していないことから、2018年6月地震・火山月報による補償額は120億円と確定される。

　この地震による補償額の支払は同年8月6日で、それ以降の補償枠は80億円に減額される。この場合、同年8月以降の支払スケジュールは以下に再設定される。

支払スケジュール（再設定後）

マグニチュード	パーセンテージ
7.4以上	40%
7.3	30%
7.2	20%
7.1	10%
7.1未満	0%

　その後、2019年8月1日の三浦半島断層群主部地震でM7.2が報告されているので、この地震による支払事由

額は40億円（＝200億円×20％）と計算される。8月1日から30日以内にM7.3を超える規模の地震は発生していないことから、2018年8月地震・火山月報による補償額は40億円と確定される。したがって、2018年6月30日の都心東部直下地震と2019年8月1日の三浦半島断層群主部地震による支払事由額が合計され、ケースCにおける地震デリバティブの取引期間の合計補償額は以下となる。

> ケースCの補償額：160億円（＝120億円＋40億円）

2019年8月1日の三浦半島断層群主部地震による補償額は同年10月7日に支払われる。それ以降の補償枠は40億円に減額され、支払スケジュールは以下に再々設定される。

支払スケジュール（再々設定後）

マグニチュード	パーセンテージ
7.2以上	20％
7.1	10％
7.1未満	0％

2019年9月以降に上記の条件を満たす地震が発生した場合、受益者はさらに40億円までの補償額を受領することができる。

ケースDにおいて、2018年6月30日の都心東部直下地震でM7.7が報告されているので、この地震による支払事由額は140億円（＝200億円×70％）と計算される。6月30日から30日以内にM7.6を超える規模の地震は発生していないことから、2018年6月地震・火山月報による補償額は140億円と確定される。

この地震による補償額の支払いは同年8月6日で、それ以降の補償枠は60億円に減額される。この場合、同年8月以降の支払スケジュールは以下に再設定される。

支払スケジュール（再設定後）

マグニチュード	パーセンテージ
7.3以上	30%
7.2	20%
7.1	10%
7.1未満	0%

その後、2019年8月1日の三浦半島断層群主部地震でM7.4が報告されている。この場合、「マグニチュード7.3以上」に該当するので、この地震による支払事由額は60億円（＝200億円×30％）と計算される。8月1日から30日以内にM7.4を超える規模の地震は発生していないことから、2018年8月地震・火山月報による補償額

は60億円と確定され、補償額は同年10月7日に支払われる。したがって、2018年6月30日の都心東部直下地震と2019年8月1日の三浦半島断層群主部地震による補償額が合計され、ケースDにおける地震デリバティブの取引期間の合計補償額は以下となる。

> ケースDの補償額：200億円（＝140億円＋60億円）

2019年8月1日の三浦半島断層群主部地震（M7.4）による支払事由額は、地震デリバティブ開始時の支払スケジュールに従うと80億円（＝200億円×40％）となる。しかし、その地震発生以前に補償枠と支払スケジュールが再設定されているため、補償額の計算方法が異なることに留意しなければならない。

2019年8月1日の三浦半島断層群主部地震による補償額が同年10月7日に支払われた後は地震デリバティブの補償枠は消滅し、地震デリバティブをそれ以降継続する必要がなくなる。

この場合、早期解除（Early Termination）の手続がとられ、2020年1月10日の契約解除日を待たずに地震デリバティブは終了することになる。確認書の標準的な表現としては、「補償枠がゼロになった日」を早期解除日（Early Termination Date）の一つと定義しているの

で、ケースDでは2019年8月1日の三浦半島断層群主部地震による補償額が支払われた日（2019年10月7日）に、地震デリバティブは自動的に解除されることになる。

⑤地震デリバティブ以外の地震リスク・ファイナンスの検討

中央防災会議最終報告では、都心南部直下地震・都心東部直下地震・都心西部直下地震の3通りを紹介している。どのケースにおいても震度6強の揺れが広い範囲で想定されていることから、首都圏において公共サービスを提供する事業者において極めて甚大な被害が生じると考えられる。

出典：中央防災会議最終報告

このケースの受益者は首都機能を維持する重要な役割を担っており、地震によって生じたサービスの中断を一日も早く回復しなければならないという命題がある。

また、震度6強や震度6弱という極めて大きな揺れが

広範囲にわたって起きる可能性があるため、事業の回復プロセスも極めて大規模にならざるを得ないであろう。

　ここでの懸念は、震度6強や震度6弱などが広範囲に及ぶ場合、多くの作業を必要とする保険金請求の手続にどれだけの労力を配分できるかという課題である。おそらくは大半の人員が事業回復に従事することが優先され、保険金対応はそうした混乱が収束した後の手続となるだろう。また、保険金請求を受け付ける損害保険会社側においても、これだけの広範囲にわたる損害への保険金請求に対して十分な人員を配置できるかという疑問も残る。
　したがって、大規模地震において迅速な効果を企業向け地震保険に過度に求めることは、現実的な対応としては考えにくい。
　なお、保険事故は時間が経過するほど損害の証明が困難となるので、震度6強や震度6弱レベルの大地震の場合に個別の損害状況を正確な記録として残すための労力も考慮しなければならない。

　地震デリバティブの場合は、地震・火山月報の確認と簡易な請求手続のみで地震の発生から2～3カ月で補償額を受領できる（地震デリバティブの補償額は気象庁が該当する地震・火山月報を発行した日から13営業日程度で支払われる仕組になっている）。特に首都直下地震

のように影響が広範囲に及ぶ状況において、請求手続面において地震デリバティブは企業向け地震保険を凌駕しているといえる。なお、地震・火山月報の発行が遅れる場合、地震デリバティブの補償額支払も連動して遅延することを留意しなければならない。

中央防災会議最終報告では、「第3章　社会・経済への影響と課題」の中で経済中枢機能等の影響に関してまとめている。資金決済機能と証券決済機能はすでに十分な対策が完備しており、首都直下地震による影響は極めて限定的と説明している。実際に発生した阪神・淡路地震や東日本大震災などにおいても、金融システムに大きな影響を及ぼすほどの事態には至らなかったようだ。大規模地震の影響としては、決済機能などが麻痺して社会的混乱を及ぼすような事態までは想定されておらず、市中銀行による短期資金供与サービスの不足・遅延による経済活動への影響が想定範囲と考えられる。

中央防災会議最終報告においては、首都直下地震後のいくつかのライフラインの復旧に関して、以下を想定している。

電力	最悪の場合、5割程度の供給が1週間以上継続
上水道	被災した管路の復旧は数週間を要する
下水道	管路の復旧は1カ月以上を要する
ガス	被災した低圧導管の復旧は1カ月以上を要する
道路	都区部の一般道は復旧に1カ月以上を要する
地下鉄	運転再開には1週間程度を要する
JR在来線、私鉄	運転再開まで1カ月程度を要する

　公共サービスの復旧には地震発生から1カ月程度の物理的対応が必要とされ、通常の経済活動が復帰するまでに2〜3カ月が想定される。企業の地震リスク・ファイナンスの見地からは、この非正常な環境下において企業活動に必要な資金調達をどのように実行するかという課題が重要になる。

　また、銀行借入や社債発行による外部資金調達比率が高い企業においては、地震発生から3カ月以内に借入金の返済日や社債の償還期日が到来すると、短期的な費用負担のレベルを超えて運転資金不足という深刻な事態を招きかねない。他方、銀行は新規貸付を実行するために審査手続が必要であり、地震後の復旧活動が始まった段階で早急かつ大量の借入依頼が殺到して業務が追いつかない可能性がある。

　この点、銀行が提供するコミットメント・ラインは数日の手続により新規借入が可能なので、地震後に早急に必要となる原状回復費用や破損資産の修復費用などの資

金需要、期日が切迫している元利金支払への対応として極めて有効である。

コミットメント・ラインにより銀行から調達した借入金は一定期間内に返済しなければならない。したがって、コミットメント・ラインはキャッシュ・フローを調整するオペレーション機能は果たすものの、地震による負債の拡大を回避し財務の健全性を維持するという地震リスク・ファイナンスとしての機能は限られている。

また、一般的にコミットメント・ラインは短期資金供与を目的とした金融商品のため（借入条件の設定による）、1年以内の返済が一般的な条件と考えられる。したがって、コミットメント・ラインを利用する企業は、その返済期日以前に別の資金調達手段を検討・準備しなければならない。その際に地震デリバティブの補償額や企業向け地震保険の保険金の受領が可能であれば、企業の債務圧縮と金利負担減に有効となる。

	コミットメント・ライン	企業向け地震保険	地震デリバティブ
資金受領までの期間	数日	半年から1年程度（さらに長期化する場合もある）	2〜3カ月程度
資金使途	自由	特定目的に限定	自由
リスク移転機能	キャッシュ・フロー対応に限定	あり	あり
返済義務	あり	なし	なし

首都直下地震のような大規模地震による影響は極めて広範囲にわたる。その地域において公共サービス事業を大規模に展開する企業にとっては、自社が被る物的損害の補償のみならず、公共サービスを早急に再開するための資金調達、財務の健全性を維持するための資本政策など、短期的かつ中期的な地震リスク・ファイナンスを検討する必要がある。この際、企業向け地震保険、コミットメント・ライン、地震デリバティブを選択的に検討するのではなく、それらを併用して有効活用することが重要と考えられる。

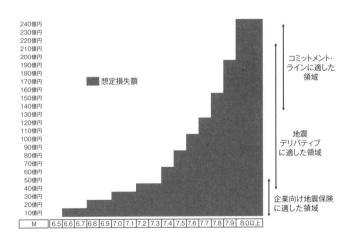

※上記は専門用語などを説明するために分かりやすくグラフにしたものであり、リスク分析や商品設計の実例を紹介するものではない。仮想の数値を引用しているため、実務とは異なる部分もある。

3 全国展開型・小売業向け地震デリバティブ

　日本全体を営業対象としている業種は数多く存在し、首都圏・京阪神・名古屋の3拠点で売り上げの大半を占めるという傾向がある。

　一方、以下の確率論的地震動予測値図からも、いかに首都圏・京阪神・名古屋の地域が地震リスクに直面しているかが確認できる。したがって、3拠点のどこで大規模地震が発生したとしても、相応の影響がこうした企業に及ぶことは避けられないであろう。

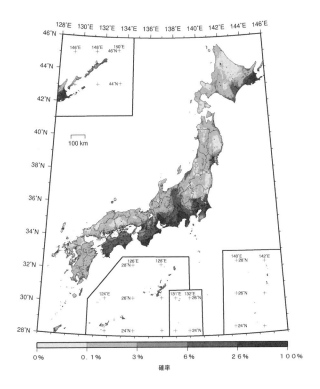

(モデル計算条件により確率ゼロのメッシュは白色表示)

確率論的地震動予測地図 : 確率の分布
今後 30 年間に 震度 6 弱以上 の揺れに見舞われる確率
(平均ケース・全地震)
(基準日 : 2010年1月1日)

出典 : J-SHIS 地震ハザードステーション

①対象事業の前提

受益者は全国展開の小売業者で、事業概要・事業規模は以下を前提とする。なお、この前提は実在する企業の情報ではなく、地震デリバティブを説明するために準備した仮想の内容のため、実際の企業活動から生じる結果とは異なる可能性がある。

業種	小売業
営業範囲	日本全地域を対象
年平均売上高	約6,000億円
年平均営業利益	約730億円
1日当たりの営業利益	約2億円
建物・設備・在庫等の平均金額	約2,000億円

首都圏・京阪神・名古屋で発生する大規模地震を前提とし、それぞれの地震が発生した場合の影響を物的損害・逸失利益・原状回復費用の金額で想定する。なお、これらの金額は過去の事例や専門的なリスク分析などを根拠に算出したものではなく、地震デリバティブの経済的効果を説明することを目的に著者の裁量で仮定したものである。

	首都圏 (震度6強)	京阪神 (震度6弱)	名古屋 (震度6強)
物的損害	40億円	10億円	20億円
逸失利益(*1)	30億円	5億円	15億円
原状回復費用(*2)	60億円	25億円	30億円
合計	130億円	40億円	65億円

(*1) 事業中断の期間は30日を想定
(*2) 地震発生から半年間に発生する金額を想定

②想定される地震のシナリオ

想定される地震に関する情報は、地震ハザードステーションから取得する。

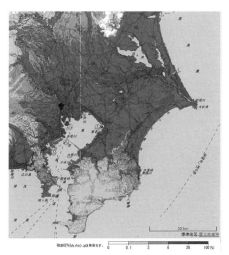

首都圏で震度6強以上の揺れに見舞われる確率の分布

chapter III 地震デリバティブの活用方法

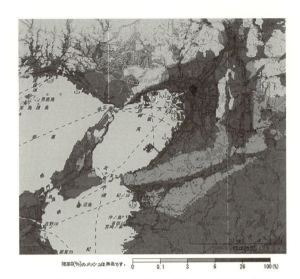

京阪神で震度6弱以上の揺れに見舞われる確率の分布

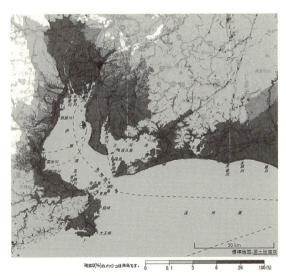

名古屋地域で震度6強以上の揺れに見舞われる確率の分布

③地震デリバティブの条件設定

この事例においては、三つの地震のシナリオがそれぞれ大きな損害を及ぼす可能性があり、どのシナリオが発生しても対応できる地震デリバティブを検討する。その手法として、三地域にそれぞれの震度観測点を選択し、全体の当初補償枠を最大損失が想定される地域（この場合は首都圏）の予想額レベルに設定する。

震度観測点の位置

当初補償枠	100億円
リスク期間	2017年1月1日から 2019年12月31日まで
契約解除日	2020年1月10日（計算日数1,104日）
保証料率	3.00% per annum（年率）
保証料	920,000,000円（一括前払い）
震度観測点A	名称：東京新宿区西新宿 住所：新宿区西新宿1-24-2（工学院大学新宿キャンパス）
震度観測点B	名称：大阪中央区大手前 住所：大阪市中央区大手前4-1-76（大阪管区気象台）
震度観測点C	名称：名古屋千種区日和町 住所：名古屋市千種区日和町2-18（名古屋地方気象台）

支払事由スケジュール				
計測震度	震度階級	震度観測点A パーセンテージ	震度観測点B パーセンテージ	震度観測点C パーセンテージ
6.4以上	6強以上	100%※	40%※	60%※
6.3	6強以上	90%	40%※	60%※
6.2	6強以上	80%	40%※	60%※
6.1	6強以上	70%	40%※	60%※
6.0	6強以上	60%	40%※	60%※
5.9	6弱	50%	30%	50%
5.8	6弱	40%	30%	40%
5.7	6弱	30%	20%	30%
5.6	6弱	20%	20%	20%
5.5	6弱	10%	10%	10%
5.5未満	5強以下	0%	0%	0%

※最大パーセンテージは各震度観測点ごとの支払割合の最大値を示す。一つの震度観測点において複数の計測震度が記録され（30日期間の条件を満たす）、相当するパーセンテージの合計がそれぞれの震度観測点の最大パーセンテージを超過する場合、その超過額は補償額にはならない。

④地震デリバティブの効果

地震デリバティブのリスク期間中に複数の地域で支払事由が発生した場合、それぞれの震度観測点において記録された計測震度に該当するパーセンテージを当初補償枠に乗じた金額がその支払事由額となり、その段階における補償枠が残っていれば支払事由額が補償額となる。

リスク期間（2017年1月1日～2019年12月31日）において、二通りの複数の地震が別々の地域で発生したと仮定する。

ケースE

2018年7月20日（首都直下地震）	計測震度6.1
	（震度観測点A）
2019年9月10日（大阪上町断層帯地震）	計測震度5.6
	（震度観測点B）

ケースF

2018年10月15日（名古屋津島断層帯地震）	計測震度5.9
	（震度観測点C）
2019年12月30日（首都直下地震）	計測震度6.2
	（震度観測点A）

ケースEの場合、最初に発生した2018年7月20日の首都直下地震によって震度観測点Aで計測震度6.1が記録されたので、支払事由額は70億円（＝100億円×70％）となる。この段階における補償枠は100億円であるため、同年9月6日に70億円の補償額が受益者に支払われる。この際に補償枠は30億円に減額され、支払スケジュールは以下のように再設定される。

支払事由スケジュール（再設定後）

計測震度	震度階級	震度観測点A パーセンテージ	震度観測点B パーセンテージ	震度観測点C パーセンテージ
5.8以上	6弱以上	30%	30%	30%
5.7		30%	20%	30%
5.6		20%	20%	20%
5.5		10%	10%	10%
5.5未満	5強以下	0%	0%	0%

さらにケースEでは2019年9月10日に大阪上町断層帯地震が発生し、観測地点Bで計測震度5.6が記録されたので、この地震による支払事由額・補償額は20億円（＝100億円×20％）となる。したがって、ケースEにおける地震デリバティブの取引期間中の二つの地震による合計補償額は90億円となる。

ケースEの補償額：90億円（＝70億円＋20億円）

2019年9月10日に発生した大阪上町断層帯地震による補償額20億円は同年11月6日に支払われる。それ以降の補償枠は10億円に減額され、支払スケジュールは以下に再々設定される。

支払事由スケジュール（再々設定後）

計測震度	震度階級	震度観測点A パーセンテージ	震度観測点B パーセンテージ	震度観測点C パーセンテージ
5.5以上	6弱以上	10%	10%	10%
5.5未満	5強以下	0%	0%	0%

　ケースFの場合、最初に発生した2018年10月15日名古屋津島断層帯地震によって震度観測点Cで計測震度5.9が記録されたので、支払事由額は50億円（＝100億円×50％）となる。この段階における補償枠は100億円であるため、同年12月7日に50億円の補償額が受益者に支払われる。

　その際、補償枠は50億円に減額され、全体の補償枠の50％が支払われたことと、震度観測点Cにおいてすでに50％相当額の補償額が支払われたことを考慮して、支払スケジュールは以下のように再設定される。震度観測点Aの最大のパーセンテージは50％、震度観測点Bの最大のパーセンテージは40％、震度観測点Cの最大パーセンテージは10％になる。

支払事由スケジュール(再設定後)

計測震度	震度階級	震度観測点A パーセンテージ	震度観測点B パーセンテージ	震度観測点C パーセンテージ
6.0以上	6強以上	50%	40%	10%
5.9		50%	30%	10%
5.8		40%	30%	10%
5.7	6弱	30%	20%	10%
5.6		20%	20%	10%
5.5		10%	10%	10%
5.5未満	5強以下	0%	0%	0%

 さらにケースFでは2019年12月30日に首都直下地震が発生し、観測地点Aで計測震度6.2が記録された。地震デリバティブ開始時の支払スケジュールでは、観測地点Aで記録された計測震度6.2の地震による支払事由額は80億円(=100億円×80%)と計算される。しかし、2018年10月15日名古屋津島断層帯地震による補償額の支払により支払スケジュールは上記のように再設定されていることから、この地震による支払事由額は50億円(=100億円×50%)となる。したがって、ケースFにおける地震デリバティブの取引期間中の二つの地震による合計補償額は100億円となる。

ケースFの補償額:100億円(=50億円+50億円)

 2019年12月30日首都直下地震による補償額は2019年

12月地震・火山月報で確定され、この地震・火山月報が発行される2020年1月20日頃以降に補償額請求手続が開始される。また、一般的に補償額の支払いは「地震・火山月報の発行日から13営業日目」となるため、実際の支払手続は2020年2月6日となり、地震デリバティブの取引終了日の2020年1月10日を経過してしまう。しかし、地震デリバティブの確認書では取引期間を経過して補償額を請求することに制限をつけていないので、受益者は2020年2月6日に補償額を受領することができる。

⑤地震デリバティブのストラクチャリング

　地震デリバティブのストラクチャリングは、受益者の保有するリスク量（以下、「エクスポージャー」）を最適なコストで有効に軽減することを目的として行う。したがって、受益者の地震リスク・ファイナンスに関するストラテジーを軸として、効率的な支払事由額・補償枠の条件を設定することが重要である。

　この事例における地震デリバティブの支払スケジュールは、「日本全体を営業対象として、最も深刻な事態が生じると思われる首都圏・京阪神・名古屋の3拠点で売り上げの大半を占める」という事業の特性を考慮して設定した。

▷ 補償枠

3拠点のエクスポージャー合計額は230億円で、首都直下地震のみでも130億円の損害が予想される。最も深刻な首都圏の大規模地震（震度6強）による損害に備えるため、補償枠を100億円に設定。なお、最大規模の首都直下地震（計測震度6.4以上）が発生して損害合計が130億円となった場合、30億円は自社で負担する。

▷ 京阪神における支払事由額

損害の影響は震度6弱の地震で40億円と予想されることから、この地域の地震からの支払事由額の上限を40億円（＝100億円×40％）に設定。計測震度6.0（震度6強の最小値）において40億円に到達するアグレッシブな支払スケジュールを組む。

▷ 名古屋における支払事由額

損害の影響は震度6強の地震で65億円と予想されることから、この地域の地震からの支払事由額の上限を60億円（＝100億円×60％）に設定。計測震度6.0（震度6強の最小値）において60億円に到達するアグレッシブな支払スケジュールを組む。

▷ 震度6弱からの支払事由額

震度5レベル以下の揺れによる損害は限定的と判断し、3地域において計測震度5.5（震度6弱の最小値）からの支払事由額を設定。

	震度観測点 A	震度観測点 B	震度観測点 C
対象地域	首都圏	京阪神	名古屋
最大支払事由額	100億円	40億円	60億円
最大支払事由額の計測震度	6.4	6.0	6.0
最小支払事由額の計測震度	5.5	5.5	5.5

　上記において「最小支払事由額の計測震度」とされているのは最も小額の支払事由額を決定する条件で、マーケット用語ではアタッチメント・ポイント（"Attachment Point"）と呼び、これが発生する確率をアタッチメント・ポイント・プロバビリティ（"Attachment Point Probability"）と呼んでいる。その数値が高いほど地震デリバティブの保証料は高くなる傾向がある。

　「最大支払事由額の計測震度」とされているのは、一つの地震による最大の支払事由額を決定する条件である。この事例の場合、震度観測点Aにおいて計測震度が6.4の場合に支払事由額が100億円となり、地震デリバティブの補償枠を全額費消する可能性がある。

　マーケット用語では当初補償枠を全額費消する条件をエグゾースチョン・ポイント（"Exhaustion Point"）と呼び、これが発生する確率をエグゾースチョン・ポイント・プロバビリティ（"Exhaustion PointProbability"）と呼んでいる。

　この事例の場合は、2カ所以上の地震、または1カ所

で複数の地震により地震デリバティブ期間中の支払事由額の合計が100億円となる可能性がある。この場合、複数の地震により当初補償枠が全額費消される確率と、震度観測点Aにおける一つの地震の計測震度が6.4以上となる確率のどちらか高い方がエグゾースチョン・ポイント・プロバビリティとなる。巨大災害案件の場合、複数の支払事由額の合計額が当初補償枠を全て費消する確率よりも、一つの事由による支払事由額が当初補償枠を全て費消する確率の方が高くなる傾向がある。

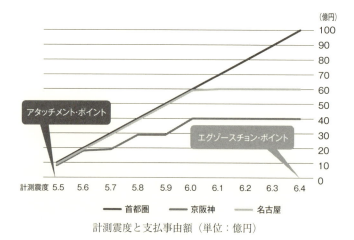

計測震度と支払事由額（単位：億円）

※上記は専門用語などを説明するために分かりやすくグラフにしたものであり、リスク分析や商品設計の実例を紹介するものではない。仮想の数値を引用しているため、実務とは異なる部分もある。

今回の事例では、「日本全体を営業対象として、首都圏・京阪神・名古屋の3拠点で売り上げの大半を占める

事業」を前提に、震度観測点を3カ所選定した。地震デリバティブのストラクチャリングにおいて震度観測点の選択に特別の制限はなく、補償提供者によるリスク分析とプライシング方法が許す限り、受益者の希望に沿った案件設計が可能である。

たとえば、営業対象が首都圏に集中している場合、同地域に設置されている10カ所の震度観測点を選定し、支払スケジュールを設定することもできる。その際、それぞれの震度観測点の最大支払事由額や計測震度におけるパーセンテージを、受益者の事業内容やエクスポージャーを考慮して自由に設定することも可能である。

気象庁のホームページ（2015年9月23日現在）では、気象庁が管理する震度観測点が670であり、それ以外に地方公共団体や防災科学技術研究所により管理されているものも含むと震度観測点の総数は4,384とされている。

これまでに実行された震度タイプの地震デリバティブを見る限り、震度観測点としては気象庁が管理するものに限定されているようである。これは、補償提供者が入手できるデータが気象庁管理の震度観測点のものに限られていることや、気象庁以外が管理する震度観測点の情報が必ずしも十分に提供されていないことによると思われる。また、気象庁管理以外の震度観測点は3,700以上も存在するため、全ての震度観測点におけるリスク分析を行

うことは相当の労力を伴い、補償提供者側でそこまで分析が行われていないことも理由の一つとして考えられる。

他方、予備震度観測点については、気象庁管理の震度観測点以外のものも採用されている。これは、特に気象庁管理の震度観測点のみにこだわる必要がないことの現れと思われ、補償提供者との交渉により震度観測点の選択幅を拡大する余地があると考えられる。

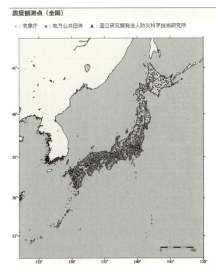

震度観測点の分布（出典：気象庁ホームページ）

震度観測点の数

	気象庁	地方公共団体	防災科学技術研究所	総数
全国合計	670	2932	782	4384

4 地震デリバティブの定型化・小口化

　首都直下地震のような巨大地震が発生した場合、首都圏中央部に所在する企業の大半は間違いなく損害を被るであろう。仮に自社の資産に対して地震対策を十分に行っている企業とそうでない企業が近隣に所在していたとすると、地震発生時に自社オフィスやその施設の損害にある程度の差はあることは間違いない。

　しかし、地震後の混乱はその地域のライフライン全体に及ぶため、経済活動が回復して通常の営業状態に回復するまでには同様な期間が必要になる。また、事業を回復するために必要となる追加費用について、類似した業種の中で特定の会社のみが著しく高額になる、または皆無になるといった乖離は少ないと推測される。これは為替相場が急速に円安に振れた場合、大半の輸入業者が仕入値の高騰により損失を被る状況に類似している。

　したがって、共通の利害を想定した上で、定型化・小口化された地震デリバティブを開発・提供することは、多くの企業の地震リスク・ファイナンスに貢献できるものと考えられる。

中央防災会議の最終報告（平成25年12月19日公表）

の【別添資料3】～経済的な被害の様相～では、都心南部直下地震による被害合計額を95.3兆円と試算している。

被害額　～都心南部直下地震～

○資産等の被害【被災地】　　　　　　　　　　（合計）	47.4兆円
・民間部門	42.4兆円
・準公共部門（電気・ガス・通信、鉄道）	0.2兆円
・公共部門	4.7兆円
○経済活動への影響【全国】	
・生産・サービス低下に起因するもの	47.9兆円
○合計（資産等の被害＋経済活動への影響）	95.3兆円

注）四捨五入の関係上、各項目の積算値と合計欄の数字は一致しないことがある。

出典：中央防災会議の最終報告（平成25年12月19日公表）

　首都直下地震は特定地域及び全国の経済活動に甚大な影響を与え、事業回復費用の負担や逸失利益の増加は事業規模に応じて企業に影響を及ぼすであろう。このレベルの巨大地震に備える場合、特定の企業の事業内容に対応した支払事由条件の地震デリバティブを検討することも重要だが、この地域全体が被るであろう経済的な損失に照準を合わせた地震デリバティブによるアプローチも効果があると考えられる。

　この章の「2. 特定地域対象型サービス業向け地震デ

リバティブ（P. 79 ～）」において、マグニチュードタイプの地震デリバティブの事例を紹介している。地図のサークル中を震源（深さ60km以内）とするマグニチュード7.1以上の地震が発生した場合、事前に合意された補償額を受益者が受領するという条件である。

　一方、同報告では、首都直下モデル検討会において検討対象とした地震を地図にまとめている。こうした地震は前述のような被害を及ぼす可能性が極めて高い。したがって、全てではないが、首都中心部に近い震源を網羅するために次ページのようなサークル（気象庁本庁を中心とする半径70kmの円）を震源の範囲と設定する。

chapter III 地震デリバティブの活用方法

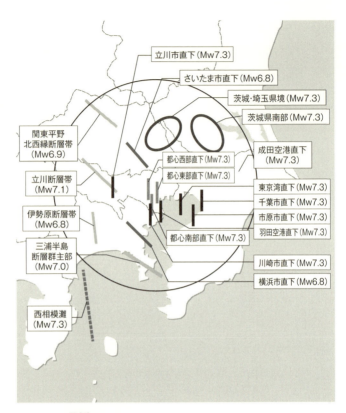

凡例

― 都区部のフィリピン海プレート内の地震
― 都心部周辺のフィリピン海プレート内の地震
○ 北米プレートとフィリピン海プレートの境界地震
― 地表断層が不明瞭な地殻内の地震
― 活断層の地震（地表断層が明瞭な地殻内の地震）
---- 西相模灘の地震

首都直下モデル検討会において検討対象とした地震について
出典：中央防災会議の最終報告（平成25年12月19日公表）

支払事由スケジュールはマグニチュードの規模に応じて3プランを設定する。

マグニチュード	プランA	プランB	プランC
7.8以上	10億円	10億円	10億円
7.7	9億円	8億円	5億円
7.6	8億円	6億円	5億円
7.5	7億円	4億円	5億円
7.4	6億円	3億円	5億円
7.3	5億円	2億円	5億円
7.2	4億円	1億円	0円
7.1	3億円	0円	0円
7.0	2億円	0円	0円
6.9	1億円	0円	0円
6.9未満	0円	0円	0円

受益者は3プランの中から自社の地震リスク・ファイナンス戦略に沿ったプランを選択し、必要に応じて10億円単位で補償枠を増加する。また、いくつかのプランを組み合わせて補償枠を設定することも可能である。例えば、ある会社がM7.2までの地震であれば自社が被る経済的影響は限定的と想定しているが、M7.3以上であればその影響が加速すると懸念しているとする。この場合、プランAとプランCを選択し、それぞれ10億円の補償枠として地震デリバティブを構成する。この場合のタームシートは以下となる。

当初補償枠	20億円
リスク期間	2017年1月1日から 2019年12月31日まで
契約解除日	2020年1月10日（1,104日）
保証料率	3.00% per annum（年率）
保証料	184,000,000円（一括前払い）
震源の位置	気象庁本庁（緯度35度41分22秒：東経139度45分42秒）を中心とする半径70kmの円の中
震源の深さ	60km

支払事由スケジュール	M	支払事由額A	支払事由額C	合計
	7.8以上	10億円	10億円	20億円
	7.7	9億円	5億円	14億円
	7.6	8億円	5億円	13億円
	7.5	7億円	5億円	12億円
	7.4	6億円	5億円	11億円
	7.3	5億円	5億円	10億円
	7.2	4億円	0円	4億円
	7.1	3億円	0円	3億円
	7.0	2億円	0円	2億円
	6.9	1億円	0円	1億円
	6.9未満	0円	0円	0円

※リスク期間と保証料率は参考数値で、実際の案件の条件ではない。

　地震の影響を想定する場合、マグニチュードという地震のエネルギー規模と自社の影響とを関連づけることは容易でないかもしれない。一方、震度（及び計測震度）は地震の発生時に報道機関から公表されるため馴染みやすい指標で、特定地域で記録される震度と自社が被る経済的影響とを関連しやすい。したがって、震度タイプを利用して定型化・小口化された地震デリバティブは、よ

り多くの企業の地震リスク・ファイナンスの手法として導入しやすいであろう。

気象庁が管理している東京都内所在の震度観測点は以下の8カ所がある（2015年8月31日現在）。

震度観測点名称	観測点住所
東京千代田区大手町	千代田区大手町1-3-4（気象庁）
東京港区海岸	港区海岸3-4-14（芝消防署芝浦出張所）
東京新宿区西新宿	新宿区西新宿1-24-2（工学院大学新宿キャンパス）
東京墨田区横川	墨田区横川4-6-6（本所消防署）
東京江東区青海	江東区青海2-5-18（国土交通省青海総合庁舎）
東京国際空港	大田区羽田空港3-3-1
東京杉並区阿佐谷	杉並区阿佐谷南1-15-1（杉並区役所）
東京江戸川区中央	江戸川区中央1-4-1（江戸川区役所）

支払事由額の設定は計測震度に応じて3プランを設定する。

支払事由スケジュール

計測震度	震度階級	プランA	プランB	プランC
6.5以上	7	10億円	10億円	10億円
6.4	6強	10億円	10億円	8億円
6.3		10億円	9億円	6億円
6.2		9億円	8億円	4億円
6.1		8億円	7億円	2億円
6.0		7億円	6億円	1億円
5.9	6弱	6億円	5億円	0円
5.8		5億円	4億円	0円
5.7		4億円	3億円	0円
5.6		3億円	2億円	0円
5.5		2億円	1億円	0円
5.0〜5.4	5強	1億円	0円	0円
5.0未満	5弱以下	0円	0円	0円

受益者は自社への影響が大きいと想定される地域に近い震度観測点を指定し、希望する支払事由スケジュールを3プランから選択する。例えば、自社の顧客が新宿区から港区及びその近郊に所在し、震度5強以上の地震がこの地域で発生した場合に自社が被る経済的損失が甚大であると想定する。港区近郊は地震の影響が大きいと判断してプランAを選択、新宿区近辺は港区に比べて影響が小さいと判断してプランCを選択し、地震デリバティブの支払事由スケジュールを確定する。

当初補償枠	20億円
リスク期間	2017年1月1日から 2019年12月31日まで
契約解除日	2020年1月10日（計算日数1,104日）
保証料率	2.00% per annum（年率）
保証料	122,666,666円（一括前払い）
震度観測点1	名称：東京新宿区西新宿 住所：新宿区西新宿1-24-2（工学院大学新宿キャンパス）
震度観測点2	名称：東京港区海岸 住所：港区海岸3-4-14（芝消防署芝浦出張所）
支払事由 スケジュール	（下表参照）

計測震度	震度階級	震度観測点1	震度観測点2	合計
6.5以上	7	10億円	10億円	20億円
6.4	6強	8億円	10億円	18億円
6.3	6強	6億円	10億円	16億円
6.2	6強	4億円	9億円	13億円
6.1	6強	2億円	8億円	10億円
6.0	6強	1億円	7億円	8億円
5.9	6弱	0円	6億円	6億円
5.8	6弱	0円	5億円	5億円
5.7	6弱	0円	4億円	4億円
5.6	6弱	0円	3億円	3億円
5.5	6弱	0円	2億円	2億円
5.0～5.4	5強	0円	1億円	1億円
5.0未満	5弱以下	0円	0円	0円

※リスク期間と保証料率は参考数値で、実際の案件の条件ではない。

4 地震デリバティブの定型化・小口化

5 インデックスタイプ自然災害デリバティブ

地震デリバティブとは商品性が異なるが、金融機関が提供している地震などの自然災害による損害を補償する商品として、自然災害時返済一部免除特約付住宅ローン（以下、「自然災害時返済免除ローン」）が三井住友銀行から販売されている。

住宅ローンを利用する場合、一般的に火災保険に加入することで火災や自然災害による建物・家財の損害を転嫁する。しかし、地震による損害は免責事項として火災保険の対象から除外されているため、地震保険を併せて購入することで地震や津波による建物・家財の損害を保険の対象とすることができる。地震保険は補償額の設定についていくつかの制約があり、十分な保険金を受領することができない場合が想定される。

三井住友銀行の自然災害時返済免除ローンは、そうした場合に返済免除や残高減額を通して住宅ローン利用者に追加保障を提供している。

保障概要

自然災害に備える2つのプラン。各商品ごとに保障内容が異なります。

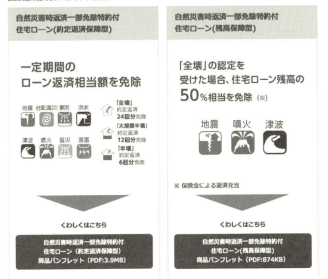

出典：三井住友銀行ホームページ
(http://www.smbc.co.jp/kojin/jutaku_loan/shinki/anshin/shizen.html)

　自然災害時返済免除ローンは金融機関が自然災害リスクに関する金融商品を取り扱うという点において、日本の金融市場において極めて興味深い取り組みである。一方、この自然災害時返済免除ローンは補償額確定のプロ

セスにおいても、極めてユニークな手法を採用している。

　火災保険や地震保険の保険金を確定する際、通常は損害査定というプロセスがあり、支払われる保険金が適正であるかどうかの判断を保険会社が行っている。一方、三井住友銀行では自然災害時返済免除ローンの補償額の確定に際して損害査定は行わず、住宅ローン利用者による「罹災証明書」の提出で返済額やローン残高の免除額を決定している。その基準は以下の通り。

損壊状態と建物の主要部分の損害割合		約定返済保障型	残高保障型
全壊	50％以上	24回分免除	ローン残高の50％免除
大規模半壊	40～50％	12回分免除	
半壊	20～40％	6回分免除	

　罹災証明書は「災害対策基本法第90条の2」に基づいて災害が発生した市町村によって発行される証明書で、内閣府のホームページの「防災情報のページ」において以下の「罹災証明書の概要」が掲載されている。

出典：内閣府ホームページ　防災情報

　公共機関の発行する証明書を根拠に補償額を決定するというプロセスは、地震デリバティブが気象庁発行の地震・火山月報を参照して支払事由額・補償額を決定しているのと似通っている。

　日本全国や特定経済圏で発行される罹災証明書の統計を利用して、新しいデリバティブ商品を開発することも可能である。これは「chapter Ⅴ　自然災害リスク投資」で説明する支払事由の設定方法による分類の中で、「インデックス型」に相当するアプローチである。なお、罹災証明書は地震を含む自然災害全般による損害を対象としている。したがって、複数の自然災害による損害に関して発行された罹災証明書を支払事由の対象とするた

め、その場合の名称は「インデックスタイプ自然災害デリバティブ」が適当であろう。

愛知県全域に食料などの消費財を供給する卸売業者を受益者と仮定する。南海トラフ地震が発生した場合、揺れ・液状化・急傾斜崩壊・地震後火災・津波・浸水などによる全壊は約38万棟以上――愛知県防災会議の想定（平成26年5月31日）――とされている。

全壊・焼失棟数〔冬・夕方（18時）〕

想定地震の区分	「理論上最大想定モデル」 地震：陸側ケース 津波：ケース⑦＊1	【参考】 国の想定結果（H24.8.29） 地震：陸側ケース 津波：ケース⑦＊1
揺れによる全壊	約242,000棟	約243,000棟
液状化による全壊	約16,000棟	約23,000棟
浸水・津波による全壊	約22,000棟	約2,600棟
急傾斜地崩壊等による全壊	約700棟	約400棟
地震火災による焼失	約101,000棟	約119,000棟
合計	約382,000棟	約388,000棟

注1：端数処理のため合計が各数値の和に一致しない場合がある。
＊1：津波ケース⑦の場合、県全体の全壊・焼失棟数が最大。

出典：愛知県　平成23年度～平成25年度　愛知県東海地震・東南海地震・南海地震等被害予測調査結果

卸売業者は自社の施設や商品の物的損害に加えて、サプライチェーンの再構築や物資の緊急配送などで多額の

費用が想定される。愛知県全体の全壊棟数と卸売業者の損害・費用とはある程度の相関関係があると仮定し、全壊棟数をインデックスとする自然災害デリバティブを以下のように設計する。

補償枠	20億円	
リスク期間	2017年1月1日から 2017年12月31日まで	
契約解除日	2018年1月10日（計算日数374日）	
保証料率	2.00% per annum（年率）	
保証料	41,555,555円（一括前払い）	
インデックス	愛知県内で発行された罹災証明書の数	
支払事由額・補償額の決定方法	リスク期間中の罹災証明書の合計に対応した支払事由スケジュールの支払事由額	
支払事由スケジュール	罹災証明書の発行数	支払事由額
	500,000以上	20億円
	450,000以上500,000未満	16億円
	400,000以上450,000未満	12億円
	350,000以上400,000未満	10億円
	300,000以上350,000未満	8億円
	250,000以上300,000未満	6億円
	200,000以上250,000未満	4億円
	150,000以上200,000未満	3億円
	100,000以上150,000未満	2億円
	50,000以上100,000未満	1億円
	50,000未満	0円

※リスク期間と保証料率は参考数値で、実際の案件の条件ではない。

愛知県に大きな影響を及ぼす南海トラフ地震のような巨大災害の場合、罹災証明書は複数月にわたって発行さ

れることが予想される。また、罹災証明書の最終発行数はリスク期間が終了するまでに確認できないかもしれず、大きな災害が発生して補償額を受領するまでにある程度の日数を要する可能性がある。

　補償額の支払を早い段階で実行するため、罹災証明書発行数の確定値を待たず、リスク期間中の罹災証明書の発行数が50,000を超過した時点でその時々の罹災証明書発行数の合計値を参照して補償額が順次請求できる仕組を設定する。

　2017年3月から8月までの期間にわたって合計で40万5千の罹災証明書が以下のように発行されたと仮定すると、支払事由額・補償額は最右列のように確定される。

発行月	罹災証明書の発行数	罹災証明書の累積数	累積数による支払事由額	補償額（請求額）
3月	60,000	60,000	1億円	1億円
4月	70,000	130,000	2億円	1億円
5月	90,000	220,000	4億円	2億円
6月	150,000	370,000	10億円	6億円
7月	20,000	390,000	10億円	0円
8月	15,000	405,000	12億円	2億円

　なお、この自然災害デリバティブの場合はどの自然災害によって損害が発生したかを特定する必要はなく、リスク期間中に発行された罹災証明書の累積値のみが支払事由額・補償額の確定根拠となる。

chapter IV

地震デリバティブのプレーヤー

巨大自然災害を支払事由としたデリバティブは、カタストロフィー・ボンド市場や再保険市場において「Nat-Cat Derivative」と呼ばれている。Nat-CatはNatural Catastropheの略語で、Nat-Cat Derivativeは「巨大自然災害デリバティブ」と日本語に訳される。

巨大自然災害デリバティブはカタストロフィー・ボンドを補完する位置づけで利用されるケースが多い。したがって、カタストロフィー・ボンドの投資対象となる北米東海岸のハリケーンや北米西海岸の地震に関してもデリバティブかそれに近い商品が存在する。

この章では、巨大自然災害デリバティブを取扱っている以下の業種について概要を紹介する。

1　再保険会社
2　保険ブローカー
3　損害保険会社
4　金融機関

chapter IV　地震デリバティブのプレーヤー

1 再保険会社

　言うまでもなく、再保険会社は自然災害リスクの究極の引受者である。多くの再保険会社は欧州先進国のドイツ・スイス・イギリス・フランス・イタリアに所在し、英国領バミューダ諸島とアメリカ国内にも複数存在している。その中でも自然災害リスクを大量に引き受けているのは、再保険業界最大手のスイス再保険会社とミュンヘン再保険会社の2社であろう。両社とも全世界を対象に保険・再保険の引受業務を行っており、それぞれ Swiss Re Group（以下、「SRG」）、Munich Re Group と称してグループ経営を行っている。

　大手再保険会社は世界中の保険会社から自然災害リスクを引き受け、その集積管理を行っている。また、自然災害リスクに関する金融商品を専門に取り扱う証券子会社やデリバティブ契約用の金融子会社をグループ内に所有し、集積された自然災害リスクを金融商品に変換する業務も行っている。自然災害リスクの引受に関する情報として、SRG社はそのアニュアル・レポートの中で以下の数値を公開している。

Insurance risk stress tests: Single event losses with a 200-year return period[1]

Pre-tax impact on economic capital in USD billions, as of 31 December	2013	2014	Change in %
Natural catastrophes			
Atlantic hurricane	–4.5	**–4.3**	–5
Californian earthquake	–3.5	**–4.0**	13
European windstorm	–3.8	**–3.1**	–18
Japanese earthquake	–3.3	**–3.1**	–5
Life insurance			
Lethal pandemic	–2.9	**–2.4**	–16

[1] Single event losses with a 200-year return period show for example that there is a 0.5% probability over the next year that the loss from a single Atlantic hurricane event could exceed USD 4.3 billion. The impact excludes earned premiums for the business written and reinstatement premiums that could be triggered as a result of the event.

出典：Swiss Re Group, Financial Report 2014

保険リスクのストレステストとして、「再現期間200年の1イベントによる損害（Single event losses with a 200-year return period）」が同社の資本に与える影響を数値化して公表されている。

この結果から、SRG社が北米東海岸のハリケーン・北米西海岸の地震・欧州の暴風・日本の地震のリスクをバランスよく引き受ける手法でリスクマネジメントを行っていることがわかる。

また、北米東海岸のハリケーンや北米西海岸の地震と比較すると日本の地震による損害の影響は30％程度低いため、日本の地震デリバティブなどの新規引受余力は十分に期待できると推察される。この状況は他の大手再保険会社にも共通していると見られ、「Convergence」領域（P. 12参照）における日本の地震デリバティブの引受者としての期待は非常に大きい。

2 保険ブローカー

　日本においてはあまり馴染みのない業種だが、欧米先進国では保険ブローカーが企業向け保険市場において重要な役割を担っている。いわゆる損害保険の仲介業で、リスクコンサルティング・保険設計・保険料決済・保険金請求処理などの保険サービス全般を企業顧客に提供している。保険ブローカーは世界中に数多く存在するが、Aon（以下、「Aon」）社とMarsh & McLennan（以下、「Marsh」）社は全世界に拠点網を構築し、5万人以上の従業員を要する巨大組織である。Aon社はAon Benfield社という再保険ブローカーを、Marsh社はGuy Carpenter社という再保険ブローカーをグループ会社に持ち、再保険の仲介業においても重要な役割を果たしている。

　Aon社の証券子会社であるAon Capital Markets（以下、「ACM」）社はカタストロフィー・ボンドが発行され始めた1990年中盤に設立され、当時から現在に至るまでSwiss Re Capital Markets社や米系証券会社と並んでカタストロフィー・ボンドの組成を数多く行っている。Aon社及びACM社は保険ブローカーの立場から企業顧客の需要に幅広く精通しており、巨大自然災害デリバ

ティブの商品開発に強みを発揮している。ちなみに、東日本旅客鉄道社が2007年に発行したカタストロフィー・ボンド(詳細後述)の組成はACM社が行っている。

　保険ブローカーの役割は保険サービスの提供であり、リスクの引受ではない。したがって、日本の地震デリバティブの取り扱いにおいては再保険会社のような契約当事者ではなく、商品開発や引受者への紹介という仲介業が保険ブローカーに期待される。

　Convergence領域は概念的に認識される相対取引のネットワークであり、東京・ニューヨーク・ロンドンなどに作られた証券取引所といった物理的に存在する市場ではない。国・地域という地理的障壁や保険・再保険・ファイナンスという取扱商品の相違という制約を乗り越えてサービスを提供する保険ブローカーは、地震デリバティブが日本において今後成長してゆく過程で重要な役割を担うであろう。

3 損害保険会社

　損害保険会社は本業として自然災害リスクを引き受けており、地震デリバティブという新しい商品を利用しなくても企業向け地震保険を通して、顧客の地震リスクを引き受けている。また、これまでに複数の日本の保険会社から「地震デリバティブ」という商品が紹介されている。しかし、保険設計を前提としているため、保険金の請求手続において損害証明が必要となり、受領する資金の使途も制限されているように見られる。

　したがって、使途自由な補償額を支払う金融商品を提案する場合、損害保険会社も店頭デリバティブの形式に基づいた地震デリバティブを利用することになるであろう。

　損害保険会社は、その業歴から自然災害リスクについて十分な知識・経験を有している。日本企業にとっての地震デリバティブの取引相手として適しており、今後の積極的な取り組みが期待される。

　一方、地震などのエクスポージャーはどの損害保険会社においてもすでに相当程度に達しており、地震デリバティブの引受に伴ってさらに増加する集積リスクのコントロールが課題になると思われる。

4 金融機関

地震デリバティブの今後の市場拡大において、商業銀行が契約当事者として重要になると予想される。

大手商業銀行はISDAマスター契約書を多くの企業とすでに締結しており、確認書と算定代行者契約書の調印手続のみで地震デリバティブを企業顧客に提供することができる。また、商業銀行は本来自然災害リスクを引き受ける立場にはないため、地震に関する集積リスクという課題は損害保険会社と比較すると限られている。

一方で、商業銀行が取り扱う金融商品はクレジット・リスクを対象にしたものが大半であるため、自然災害リスクを判断するアナリストの採用体系や地震デリバティブのエクスポージャーを管理するシステムが現段階で十分に整っているとはいえない。したがって、企業顧客に地震デリバティブを提供する場合、再保険会社からリスク・ヘッジ用の地震デリバティブを購入しているケースが多いようだ。

　企業が商業銀行を経由して地震デリバティブを購入する場合、スプレッド（利鞘）が上乗せされることは避けられない。しかし、日本国内の企業が再保険会社（またはそのデリバティブ契約用の金融子会社）と地震デリバティブの契約を直接行うためには多くの課題があり、商業銀行の持つ国際業務ネットワークを利用してConvergence領域へアクセスすることも効果的な選択といえる。

　現段階において、日本で地震デリバティブを取扱う商業銀行として、大手都市銀行や欧米大手銀行の日本支店などに可能性がある。いずれも信用格付けが高く、複雑なデリバティブ商品や国際業務に精通した専門チームが存在するので、日本企業にとっての地震デリバティブの取引相手として好ましいであろう。

特別寄稿
二つの巨大地震

岩崎 智哉 博士

　いつの日か、日本を襲うだろうと考えられている巨大地震のうち、特に被害が甚大になるだろうと危惧されている地震が二つあります。それは、「首都直下地震」と「南海トラフ巨大地震」です。いずれの地震においても、日本の大都市に壊滅的な被害を与える可能性が指摘されているのですが、様々な調査・研究により、これらの地震は、数百年単位で繰り返し発生することが明らかだと考えられています。

　今のところ、発生の時期そのものを特定することは困難ですが、過去の地震被害統計や地震動の分析を組み合わせることにより、発生した場合に想定される被害規模は、概ね評価することができるようになってきました。

首都直下地震

　これは、首都圏に甚大な被害を与えうると考えられる地震に対する呼び名で、複数の地震が想定されています。そのうち、現在の都心部あるいは都心部周辺に影響を及ぼす可能性のある地震として、特に有名なものとして、大正関東地震（1923年、M8.2程度）と元禄関東地震（1703年発生、M8.5程度）があります。前者の繰り返し

二つの巨大地震

期間は200年から400年程度、後者は2,000年から3,000年程度と考えられています。

　想定されている被害は、シナリオにもよりますが、建物全壊棟数・火災焼失棟数として60万棟以上、死者数は2万人以上、経済的被害は約95兆円以上に達する可能性があるといわれています。東日本大震災における被害額が19兆9,000億円程度といわれていますので、首都直下地震の被害規模がいかに甚大であるかがわかります。（＊1）

南海トラフ巨大地震

　この名称は、駿河湾から日向灘までの南海トラフに沿って生じる地震に対する呼び名です。東海地震や東南海地震、南海地震なども、この領域で起きる海溝型地震です。対象となる領域（断層域）があまりにも大きいため、全ての断層が一斉に動くのか、あるいは個別に動くのかによって、想定される地震被害は大きく異なってきます。

　過去に、上記の3領域が一斉に動いたと考えられている地震として、慶長地震（1605年、M7.9程度）と宝永

特別寄稿

地震（1707年、M8.6程度）がありますが、この二つの地震の間隔は、わずか102年間しかありませんでした。その後147年間が経過してから、約32時間の差により安政南海地震（1854年、M8.4程度）と安政東海地震（同年、M8.4程度）が発生しており、さらに90年後には、数年間の差により南海地震（1944年、M8.0）と東南海地震（1946年、M7.9）が連続して起こりました。ただし、この地震の時には、南海トラフの東端の領域では地震が生じなかったと考えられています。そのため、この領域では歪みが蓄積していると考えられ、その結果として、地震が生じる可能性が高いと考えられています。これが、東海地震が切迫していると考えられる一つの理由です。

　このように、東海、東南海、南海の領域の地震は、連動して動く可能性があると考えられています。現在の想定では、駿河湾から日向灘まで同時に活動した場合、マグニチュードは最大でM9.1程度に達すると想定されています。これは、東日本大震災を引き起こした東北地方太平洋沖地震（2011年、M9.0）より、さらに規模が大きいことになり、甚大なゆれに加えて巨大津波が生じる危険性が高く、多くの都市が被災する危険性があります。

二つの巨大地震

地震の発生確率

　首都直下地震にしても南海トラフ巨大地震にしても、繰り返し期間は数百年以上と考えられています。これは日常生活の時間間隔からするととても長く、感覚的には、地震発生の切迫性が高いとは思われませんが、どのように捉えればよいのでしょうか。

　過去の被害地震の記録を調べると、海側で起きる地震（海溝型地震）は、およそ20年に1回くらい、陸側で起きる地震（直下型地震を含む）は、およそ10年に1回くらいの頻度で生じていることがわかります（＊2）。このように、日本全域を対象とすれば、大地震の生じる間隔をある程度評価することが可能なのですが、一方で、特定の地域における地震の発生時期を正確に評価することは、極めて難しいと考えられています。そのため、地震の発生時期について考察する際には、発生の時期を明記する代わりに、発生の確率を数値で表現することになります。例えば、相模トラフの沈み込みに伴うM7程度の地震は、30年以内に70％程度、南海トラフにおけるM8からM9クラスの地震は、30年以内に70％程度とさ

特別寄稿

れています（＊3）。

なお、30年という期間を採用している理由については、地震調査研究推進本部の資料には次のように記載されています。

"確率論的地震動予測地図において今後30年以内という数値を採用したのは、この数値が国民個々人の将来設計を考える時に一つの目安になるからである。例えば、ある人が生まれて成人し結婚して家庭を営むようになる期間、中高年世代が老後の人生設計を考える期間等はほぼ30年以内と考えられる。また、個々人が地震防災を念頭に置きながら、どの地域に住む、どのような住宅を建てる、あるいは購入するという判断を行うに当たって想定する期間も、ほぼ30年以内であろうと考えられる。"（＊4）

したがって、発生確率というのは、ある程度の期間（例えば30年）のうちに、地震が起きそうな確率を表現した指標であって、短い期間（例えば1年）に対する予測を行う趣旨ではないということがわかります。

このように、個々の地点における大地震の発生を予測

二つの巨大地震

することは困難である一方、万が一発生した場合には甚大な被害が生じることを考えれば、個人あるいは企業にとって、リスクを第三者へ移転することには、一定の合理性があると考えられます。

2016年3月

東北大学災害科学国際研究所
特任准教授（客員）
博士（工学）

参照文献

（＊1）『平成27年版 防災白書』内閣府／平成27年6月．

（＊2）気象庁［オンライン］Available:
http://www.jma.go.jp/jma/menu/menureport.html．

（＊3）『今までに公表した活断層及び海溝型地震の長期評価結果一覧』地震調査研究推進本部／平成28年．

（＊4）『地震調査研究推進本部政策委員会成果を社会に活かす部会報告』地震調査研究推進本部／平成17年．

自然災害リスク投資

自然災害リスクを投資対象とした金融商品の一つに、カタストロフィー・ボンドがある。カタストロフィー・ボンドは一つまたは二つの限定された巨大自然災害を投資対象とした商品である。

　一方、複数の自然災害などをバスケット状態にして構成されたリスク・プールを投資対象にする再保険ファンドなどの金融商品もある。世界中で生じる自然災害が再保険契約に及ぼす損害度合に応じて利回りが決定される仕組で、投資家からはクレジット・リスクとの相関性が低い投資機会として興味を持たれている。

　この章では、このような異色な投資商品のなかで地震デリバティブが誕生するきっかけとなったカタストロフィー・ボンドの商品性・市場環境を紹介し、地震リスク・ファイナンスの手法としてカタストロフィー・ボンドの利用方法を説明する。

　最近の欧米の保険・金融市場では、カタストロフィー・ボンドや保険に関連した証券化商品全体をInsurance Linked Security（保険リンク証券）と呼ぶようになっている。しかし、日本では保険リンク証券という用語はそれほど浸透していないため、ここでは、わかりやすい表現として「カタストロフィー・ボンド」という呼称を

利用する。

　地震デリバティブがリスク・ファイナンス手法の一つとして日本の企業に広く紹介されたのは、2001年後半から2002年辺りであろうと推察される。その背景は2001年9月11日にニューヨークで起きたテロ事件で世界中の多くの損害保険会社に損害が生じ、その影響の一端として再保険会社の自然災害リスクの引受が縮小されたことによると考えられる。

　当時の日系損害保険会社は自然災害リスクの転嫁先を再保険業界に依存していたため、再保険市場の影響を受けて企業向け地震リスクの引受を制限せざるを得なかった。これを契機に大手企業を中心に伝統的な損害保険以外の地震リスク・ファイナンスについて関心が強まり、当時成長しつつあったカタストロフィー・ボンドに関心が集まっていった。この段階においては地震デリバティブという金融商品はマーケットに存在していなかったようだが、カタストロフィー・ボンドが日本企業に知れ渡る過程において、金融商品を通して企業が保有する地震リスクを第三者に転嫁するという需要が膨らんだのだと思われる。

1　カタストロフィー・ボンドとは
2　カタストロフィー・ボンドの市場と歴史
3　カタストロフィー・ボンド市場の参加者
4　カタストロフィー・ボンドの利用

chapter V

自然災害リスク投資

1 カタストロフィー・ボンドとは

　カタストロフィー・ボンドとは、経済に大きな影響を与える可能性のある自然災害リスクを投資対象とした証券化プログラムである。カタストロフィー・ボンドの投資家は特別目的会社（以下、「SPC」）が発行する債券を購入することによって自然災害のリスクを引き受け、投資対象となる自然災害が発生しない（または発生しても災害の程度が想定よりも小さい）場合には高い利回りが期待できる。

　損害保険業界では、企業や個人に対して直接保険を発行する保険会社を元受保険会社（以下、「元受保険会社」）と、元受保険会社からさらにリスクを引き受ける保険会社を再保険会社（以下、「再保険会社」）と呼んでいる。

　元受保険会社は国や地域単位でネットワークを展開してリスクを引き受けているために集積リスクが生じ、大規模自然災害が発生した場合などに巨額の損害を被る可能性がある。この集積リスクを回避するため、元受保険会社は再保険会社との再保険取引を通して自社のエクスポージャーを再保険市場にリスク移転している。

しかし、再保険市場も無制限に自然災害リスクを吸収することはできないため、それぞれの再保険会社が保有しきれないエクスポージャーの一部を証券化することで金融市場の投資家にリスクを転嫁している。そうした大規模自然災害はペリル（"Peril"）と呼ばれ世界中に数多く存在するが、経済に最も影響を与えるものは以下の4種類である。

- ・北米東海岸のハリケーン
- ・北米西海岸の地震
- ・欧州の暴風
- ・日本の地震

　カタストロフィー・ボンドの証券化プログラムでは、SPCを最初に設立し、このSPCが債券を発行する。投資家はこの債券を購入し、その購入資金が信託機関に預けられる。あらかじめ約定した支払事由がリスク期間中に発生した場合、投資家の払い込んだ資金が信託機関から受益者に支払われる仕組となっている。

　実際に発行されるカタストロフィー・ボンドは、発行市場の規制や格付け取得のために多くの条件を満たす必要があり、証券化プログラム全体の仕組は極めて複雑になっている。ここではリスク移転契約の説明を主体とし、SPCの法人形態や資産運用・資金管理などに関しては概要を紹介する。

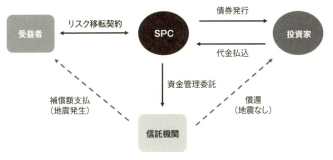

カタストロフィー・ボンドの仕組

SPC（特別目的会社）

　SPCはケイマン島や英国領バミューダ諸島に設立されるケースが多い。SPCが保険会社・再保険会社向けにリスク移転契約として再保険を提供する場合、SPCが設立される管轄区において保険業のライセンスを取得する必要がある。SPCがリスク移転契約としてデリバティブ契約を提供する場合、その管轄区において金融商品に関する規制に対応したライセンスの取得が必要となる（特別なライセンスの取得が必要ないケースもある）。

リスク移転契約

　支払事由が発生した場合にSPCが受益者に補償額を支払うことを規定した契約。受益者が保険会社・再保険会社の場合は再保険契約となり、受益者がそうでない一般企業の場合は地震デリバティブのような金融商品となる。

受益者が保険会社・再保険会社でない一般企業の場合でも、SPCがその企業に保険を直接提供する方法も考えられる。しかし、受益者が所在する国の保険関連の法律で海外からの保険募集を規制している（付保規制と呼ばれている）ことが多く、特殊な事情を除いて実用的な対応ではない。

債券発行

債券はSPCが資金調達のために発行する償還期日や利率を設定した金融商品。一般企業が発行する社債と大差はないが、リスク移転契約による補償額の支払を実行するため、支払事由が発生した場合に投資元本が削減される特殊な条件を設定している。債券の償還期日はリスク移転契約のリスク期間終了日から数カ月後に設定されている。これはリスク期間終了直後に補償額を確定することが技術的に困難なため、確認期間が実務的に必要なためである。日本の気象庁が発行する地震・火山月報を参照したカタストロフィー・ボンドを発行する場合も、地震・火山月報が発行される時期を考慮した上で償還期日の設定を行う必要がある。

資金管理委託と補償額支払

信託機関は投資家が払い込んだ資金を安全運用し、リスク期間中に支払事由が発生しない場合には償還期日に

払込元本を投資家に払い戻す。逆に、リスク期間中に支払事由が発生した場合、払込元本をとり崩して補償額を受益者に支払う。また、リスク期間中に支払事由が発生しても期日までの補償額の支払合計が元本全額に至らない場合、残額を投資家に払い戻す。なお、資金運用によって元本が目減りする事態を回避するため、信託機関（またはその運用受託者）は極めて保守的な投資運用を行うように義務づけられている。

保証料と運用リターン

受益者はリスク移転の対価として保証料をSPCに支払う。信託機関から受領する資産運用のリターンと保証料を合わせた金額から証券化プログラムの維持費用を差し引き、その残高に相当する金額が債券のクーポンとして投資家に支払われる。

カタストロフィー・ボンドは複数の投資家が購入することを前提としており、投資対象となっている自然災害リスクに関しての投資判断情報の提供が極めて重要である。投資家の観点からは、採用されるリスクモデリング会社のリスク評価と格付け機関による債券格付けが重要な投資基準となる。通常の手続として、最初にリスクモデリング会社を採用し、同社のリスクモデルにより投資対象となるリスクを分析する。受益者はこの結果を参考

として自社のエクスポージャーを軽減する目標値を設定し、リスク移転契約の内容を確定する。その後、リスクモデリング会社は格付け機関へリスク分析に関する情報を提供、証券会社が証券化プログラム全体の仕組を手配し、SPCにより発行される債券の格付けを取得する。格付け機関はStandard & Poor's社とMoody's Investor Service社が多く利用されている。カタストロフィー・ボンドの格付けは、Standard & Poor's社の表示方法でBB～Bレベルが多く、まれにBBBが見られる。なお、これまで発行されたカタストロフィー・ボンドの多くが格付けを取得しているが、複数の無格付けカタストロフィー・ボンドも発行されている。

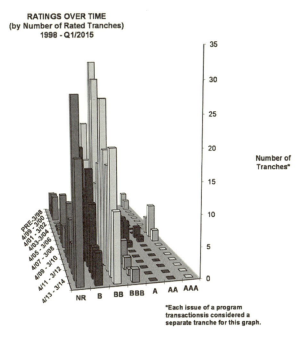

出典：Lane Financial, LLC Annual Review for Four Quarters, Q2 2014 to Q1 2015

　大規模自然災害の発生頻度の表現として、再現期間という用語を使う。これは、「100年に1度」や「500年に1度」の大災害といった際の、100年や500年に相当する。

　この再現期間が長くなればなるほど損失額は拡大するという原則がある。日常生活に置き換えると、3年に1度程度で頻繁に発生する震度3レベルの地震ではそれほどの損害はないが、30年に1度程度でまれに発生する震度5弱の地震では相応の損害が発生するという傾向のこ

とである。これが震度6強レベルになると発生頻度はさらに小さくなり（再現期間は長くなる）、損失額もさらに増加する。カタストロフィー・ボンドを発行する場合、受益者は保有するエクスポージャーを事前に把握し、どの部分のリスクを外部に移転するかの方針を立てる。

P. 155の「再現期間と想定損失額のグラフ」を参照し、支払事由条件の設定方法を簡単に説明する。

受益者は100年（アタッチメント・ポイント）から1000年（エグゾースチョン・ポイント）に1度の頻度で発生する自然災害により想定される損害を外部に移転することを目標とする。この場合、100年に1度発生する自然災害は、それに見合った地震の条件（計測震度5.5など）をアタッチメント・ポイントとして設定する。地震の規模が大きくなるにつれて段階的に支払事由額が増加し、1000年に1度の自然災害（想定損失額は200億円）で100％の支払事由額（このグラフの場合は150億円）となるように支払スケジュールと地震の条件（計測震度6.4など）を設定する。

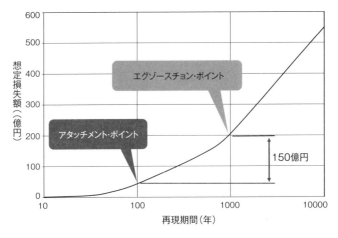

再現期間と想定損失額

※上記は専門用語などを説明するために分かりやすくグラフにしたものであり、リスク分析や商品設計の実例を紹介するものではない。仮想の数値を引用しているため、実務とは異なる部分もある。

カタストロフィー・ボンドは、投資対象となっている自然災害と支払事由の設定方法により、いくつかの種類に分類される。

①投資対象となっている自然災害による分類

Lane Financial LLC（以下、「LFC」）は再保険と金融の両方にまたがるConvergence領域を20年近くにわたって調査している米国の民間コンサルティング会社である。特にカタストロフィー・ボンドなどの保険に関連

した金融商品に関して幅広く情報を収集し、定期的なレポートを同社のホームページ（http://www.lanefinancialllc.com/component/option,com_frontpage/Itemid,1/）を通して公開している。

そのホームページのPUBLICATIONSというセクションの中にInsurance Securitization Overviewというセクションがあり、QUARTERLY MARKET PERFORMANCE REPORTと呼ばれる四半期報告書にはカタストロフィー・ボンドの市場動向が詳しくまとめられている。

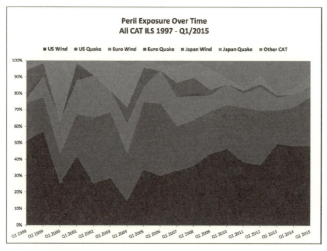

出典：Lane Financial, LLC Annual Review for Four Quarters, Q2 2014 to Q1 2015

　上記表の凡例にあるアルファベットの略称が投資対象の自然災害を表示している。以下にカタストロフィー・

ボンドの投資対象として採用される代表的な自然災害を簡単に紹介する。

▷ US Wind

北米南海岸～東海岸に到来するハリケーンによる損害。従来からカタストロフィー・ボンド市場で最も多く投資対象として取り扱われている。2005年に発生したハリケーン・カトリーナとそれに続く2つのハリケーンの影響で、特定のカタストロフィー・ボンドの投資元本が補償額として支払われた可能性がある。

▷ US Quake

北米西海岸から北米中部で発生する地震による損害。上記のハリケーンに次いでカタストロフィー・ボンド市場で多く投資対象として取り扱われている。

▷ Euro Wind

西ヨーロッパで発生する暴風による損害。北米で発生するハリケーンや地震ほどではないが、カタストロフィー・ボンド市場で定期的に投資対象として取り扱われている。

▷ Japan Quake

日本（及びその近海）で発生する地震による損害。上

記3件と比較すると金額・件数ともに少なかったが、2011年の東日本大震災以降は増加傾向にある。また、東日本大震災の影響で、特定のカタストロフィー・ボンドの投資元本が補償額として支払われた可能性がある。

②支払事由の設定方法による分類

投資対象となる自然災害が発生した際に支払事由額を確定する方法として、以下の4タイプがこれまでに多く採用されている。

▷ パラメトリック型（Parametric）

公表される自然災害の規模などを参照して支払事由額を設定し、実際の公表値により受益者に支払われる補償額を確定する。投資家にとって透明性のある手法だが、実際に発生する損害と補償額とが必ずしも一致しないというベーシス・リスクが受益者に残る。日本や北米の地震を投資対象にしたカタストロフィー・ボンドで多く採用されている。

▷ モデルロス型（Modelled loss）

リスクモデリング会社により開発されたリスクモデルを利用して支払事由額を設定する。自然災害が発生した場合、その災害の規模に関する公表値などを参照し、リ

スクモデルを再計算して補償額を確定する。パラメトリック型よりも受益者にとってベーシス・リスクが小さく、カタストロフィー・ボンド市場で多く採用されている手法。

▷ **インデックス型（Industry index）**

特定地域の保険会社が自然災害によって被る損害データを利用して損害インデックスを作成し、受益者が希望する割合をあらかじめ決定しておく。実際に自然災害が発生した場合、その特定地域の保険会社の実際の損害データを利用してインデックス値を導き、決められた割合に応じて補償額を確定する。パラメトリック型やモデルロス型と比較すると受益者のベーシス・リスクは少なくなるが、損害データを収集するために相当期間を必要とするため、補償額の支払までには半年以上かかることもある。

▷ **実損填補型（Indemnity）**

特定の自然災害によって受益者に発生した実際の損害額が、あらかじめ決められた金額を超過する場合、その超過分を補償額とする。再保険業界で取り扱われる超過損失再保険（"Excess of Loss Reinsurance"）と類似しており、このカタストロフィー・ボンドの投資家は再保険業務やその業界慣行などに精通していることが要求

される。

　パラメトリック型のカタストロフィー・ボンドは日本と北米西海岸の地震を対象として発行されており、1990年代後半に発行されたカタストロフィー・ボンドから採用され続けている。2005年頃からいくつかの再保険会社が証券化プログラムの裏づけとは関係なくパラメトリック型の補償を提供するようになった。これが地震デリバティブの原型となり、2010年頃には店頭デリバティブとしての形式を整えたようである。

2 カタストロフィー・ボンドの市場と歴史

　最近のカタストロフィー・ボンド市場では100〜200百万米ドル（1米ドル＝120円換算で120〜240億円）のサイズの案件が多く発行されている。

　企業が発行する普通社債と比較すると規模的には小さく、発行債券を引き受ける投資家数も1案件ごとに5〜20程度と限定されている。一般的に社債発行は幅広い投資家から巨額の資金を集めるため、公募形式を採ることが多い。しかし、カタストロフィー・ボンドは発行金額や投資家数が限定されているため、通常は私募形式を採用して投資家の募集が行われている。最も頻繁に利用されるのが、米国証券取引法に基づく起債方法である。私募形式を採ることで公募形式で要求される条件のいくつかが免除され比較的簡易に債券発行が可能となり、カタストロフィー・ボンドのような小規模の起債に適している。

　なお、カタストロフィー・ボンドは自然災害という特殊なリスクを投資対象にしているとはいえ、発行される債券は通常の社債の形式とほぼ変わることはない。したがって、大規模な起債を目的としてBBBクラス以上の格付けを取得し投資家への募集を幅広く行うのであれば、

公募形式を採用することも手続的には可能であろう。

　債券発行において私募形式と公募形式では手続面でいくつかの相違があり、いずれの方法にもメリットとデメリットがある。カタストロフィー・ボンドの場合、投資家の観点からは私募形式の方がより詳細な情報が得られるという利点がある。

　カタストロフィー・ボンドを発行する際、受益者は募集手続を実施する証券会社を指名する。その証券会社は1〜3カ月で発行準備を行い、債券発行前の2〜3週間で募集を実施する。この時、ロードショーと呼ばれる投資家向け説明会をいくつかの都市で行っている。この場において、投資家はカタストロフィー・ボンドの発行に関与する受益者・証券会社・リスクモデリング会社などから直接情報を入手することができ、最終的な投資判断を行っている。カタストロフィー・ボンドはそれぞれの案件の個別性が強いため、ロードショーはカタストロフィー・ボンドの発行を順調に行うために極めて重要な意味を持つ。

　再保険業界の最大手の一つであるスイス・リー・グループは、Insurance Linked Securities Market Updateというレポートを半年ごとに発行し、カタストロフィー・ボンド市場の動向を紹介している。2015年7月に発行さ

れたレポートにおいて、カタストロフィー・ボンド市場の規模を以下のように報告している。

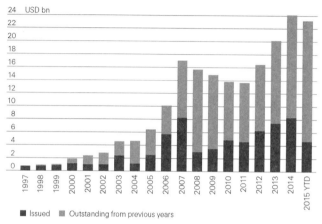

Source: Swiss Re Capital Markets; as of June 30, 2015
Source: Swiss Re, Insurance Linked Securities market update (Volume XXIII, July 2015)

出典：Swiss Re, Insurance Linked Securities market update (Volume XXIII, July 2015)

　上記レポートは1997年以降に新規発行されたカタストロフィー・ボンドとその時々の残高をまとめている。

　2000年頃までは発行残高が20億米ドル（1米ドル＝120円換算で2,400億円）以下にとどまっていたが、2001年以降に急速に成長を始め、2002～2003年に市場規模が2倍以上の50億米ドル（1米ドル＝120円換算で6,000億円）に拡大した。

　これは2001年9月11日にニューヨークで起きたテロ

事件の影響で、自然災害リスクの再保険引受許容量が不足したことが原因であったと考えられる。それ以降も市場拡大は加速し、2006年に100億米ドル（1米ドル＝120円換算で1兆2,000億円）を超える規模に至っている。これは2005年に北米で発生した巨大ハリケーン・カトリーナとそれに続く2つのハリケーンの影響と考えられ、それ以降多くの元受保険会社や再保険会社がカタストロフィー・ボンドを発行し、自社の自然災害集積リスクを資本市場に転嫁する機会が増えた。カタストロフィー・ボンド市場は2012年からさらに拡大を始め、現在では200億米ドル（1米ドル＝120円換算で2兆4,000億円）を超える水準に至っている。2011年3月の東日本大震災の影響はいうまでもないが、この年にタイで大洪水が発生しており、保険・再保険業界はこれら2つの自然災害で大きな損害を被ったことが影響していると思われる。

カタストロフィー・ボンドの新規発行は、2014年及び2015年に80億米ドル（1米ドル＝120円換算で9,600億円）と年間1兆円規模に至っている。この目覚しいカタストロフィー・ボンドの発行環境は、先進各国の金融緩和政策による運用難で投資家が運用リターンの高いカタストロフィー・ボンド市場に注目しているためと思われる。

以下はLFC社のQUARTERLY MARKET PERFORMANCE

REPORT（2015年3月31日発行）に掲載されているグラフで、各年に新規発行されたカタストロフィー・ボンドの合計を示している。従来は発行期間3年のカタストロフィー・ボンドが主流であったが、最近では発行期間4～5年の案件も取り扱われるようになってきている。

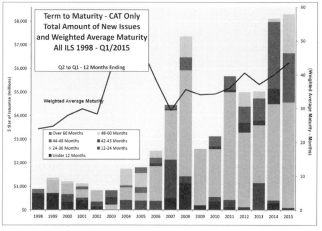

出典：Lane Financial, LLC Annual Review for Four Quarters, Q2 2014 to Q1 2015

　カタストロフィー・ボンドは同程度の格付けを取得した社債と比較すると運用リターンが高いといわれている。
　以下のグラフの「Total Return」で示されるラインがLFC社が公表しているカタストロフィー・ボンドの2002年以降の利回り（月利）で、LIBORなどの指標と比較すると非常に高い数値を示している。

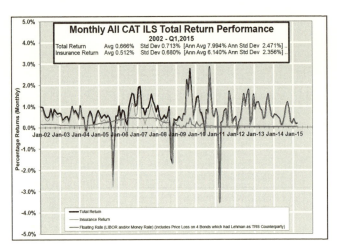

出典：Lane Financial, LLC Annual Review for Four Quarters, Q2 2014 to Q1 2015

　2002年から現在に至るまで、3回のネガティブ・リターンがある。2005年は北米で発生した巨大ハリケーン・カトリーナとそれに続く2つのハリケーンによる影響、2009年はリーマン・ショックによる影響、2011年は東日本大震災による影響と考えられる。2009年のリーマン・ショックの際には、自然災害によるカタストロフィー・ボンドの元本毀損はなかったようだ。しかし、リーマン・ブラザーズ証券が信託資産の運用を行っていた案件が同社の倒産により解約され、その段階で運用資産が減価するという影響を被ってしまったため、結果として複数のカタストロフィー・ボンドの運用利回りが悪化したと考えられている。

カタストロフィー・ボンド市場にはセカンダリー・マーケットも存在する。スイス・リー・グループのInsurance Linked Securities Market Updateでは、2012年以降に同社の証券子会社Swiss Re Capital Markets（以下、「SRCM」）社が取り扱った既発債の売買取扱量を報告している。

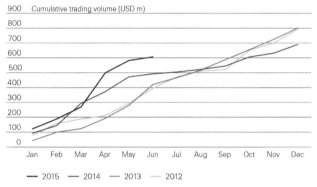

Source: Swiss Re Capital Markets; as of June 30, 2015
Source: Swiss Re, Insurance Linked Securities market update (Volume XXIII, July 2015)

出典：Swiss Re, Insurance Linked Securities market update (Volume XXIII, July 2015)

　SRCM社の過去3年における1年ごとの既発債取扱額は約800百万米ドル（1米ドル＝120円換算で960億円）で、2015年度はさらに増加傾向にある。SRCM社以外にAon Capital Markets社や米系証券会社も同様に既発

債の売買を取り扱っている。それら数社の取扱量が同水準だと仮定すると合計は約2,500百万米ドル（1米ドル＝120円換算で3,000億円）、カタストロフィー・ボンドの市場規模2兆4,000億円の10％強がセカンダリー・マーケットの市場規模と推定される。

chapter V

自然災害リスク投資

3 カタストロフィー・ボンド市場の参加者

　カタストロフィー・ボンド市場は、新発債の発行市場と既発債の流通市場から成立している。こうした市場で活躍する主要な参加者は、発行者、証券会社、投資家である。

①発行者

　実際の債券発行は個別のカタストロフィー・ボンド案件ごとに設立されるSPCによって行われるが、実質的な発行者はカタストロフィー・ボンドの受益者である。受益者はスポンサーとも呼ばれている。2014年中に発行されたカタストロフィー・ボンドは以下のような受益者が関与している（全てではない）。

特別目的会社	受益者	業種
Kilimanjaro Re	Everest Re	再保険
Everglades Re	Citizen's Property Insurance	元受保険
Amore Re	American Coastal Insurance	元受保険
Aozora Re	損保ジャパン日本興亜	元受保険
Nakama Re	全共連	元受保険
Alamo Re	Hannover Re	再保険
Tradewynd Rre	AIG	元受保険
Tramine Re II	Amlin AG	再保険
East Lane II	Chubb	元受保険
Kizuna Re II	東京海上日動	元受保険

　上記を見ると日本の元受損害保険会社3社がスポンサーとなっている。日本の元受損害保険会社によるカタストロフィー・ボンドの発行は、2010年以前は散見される程度であった。しかし、2011年の東日本大震災以降は日本の自然災害を投資対象とするカタストロフィー・ボンドの発行数が増加しており、日本の元受損害保険会社によるリスク移転手法が多様化していることがうかがえる。

　元受保険会社・再保険会社が多くを占めるが、メキシコ政府やフランス電力会社（Electricite de France）など保険業界外からもカタストロフィー・ボンドは発行されている。

②証券会社

　カタストロフィー・ボンドはSPCによって発行される債券であり、投資家への販売は証券会社によって行われる。しかし、投資対象が自然災害リスクで、普通社債の投資対象である信用リスクとは性質が異なることから、限定された証券会社のみが取り扱っているようだ。過去10年のカタストロフィー・ボンドの新発債発行市場では10社弱の証券会社が登場している。一方、過去20年間のマーケットシェアをみると、Aon Capital Markets社、Swiss Re Capital Markets社、米系証券会社などにより大半の新規発行案件が取り扱われているようである。

業界	会社名
保険業界	・Aon Capital Markets（世界的な損害保険ブローカーAon社の証券子会社） ・Swiss Re Capital Markets（再保険最大手のスイス・リー・グループの証券子会社）
金融業界	・ゴールドマン・サックス証券会社 ・BNPパリバ証券会社 ・ドイツ証券会社 ・メリルリンチ証券会社 ・リーマンブラザーズ証券会社（現在は存在しない） ・Natixis証券会社

③投資家

　大半のカタストロフィー・ボンドは投資適格基準以下のBB～Bに格付けされ、ジャンク債と呼ばれる債券群のひとつとして位置づけられている。こうしたジャンク債市場はそもそも運用利回りの高い領域だが、カタストロフィー・ボンドは同程度の格付けを付与されている一般の社債よりもさらに良好なパフォーマンスを示しているようだ。ハイリスク・ハイリターンを好む投資家がカタストロフィー・ボンド市場の主体となっているが、一方で自然災害という特殊なリスクに投資することから、そうしたリスクを十分に把握できるアナリストを採用している投資家層が大半である。

　こうした投資家は自然災害リスク投資専門ファンド、ヘッジファンド、年金ファンド及び金融機関などで、バミューダ、ニューヨーク、サンフランシスコ、ロンドン、パリ、ミュンヘン、チューリッヒなどに所在しているようだ。

4 カタストロフィー・ボンドの利用

　カタストロフィー・ボンド市場が急速に拡大していた2007年に、日本の地震を投資対象とした一つの新規発行案件が日本国内及びカタストロフィー・ボンド市場において脚光を浴びた。

　東日本旅客鉄道（以下、「JR東日本」）社による発行額260百万米ドルのカタストロフィー・ボンドである。当時は保険会社・再保険会社によるカタストロフィー・ボンドの発行が大半で、事業会社による発行は稀にしか見られなかった。また、単一の自然災害リスクを投資対象とした金額260百万米ドルの発行額も、当時のカタストロフィー・ボンド市場では異例な規模であった。

　さらに、カタストロフィー・ボンドの受益者がJR東日本社という日本を代表する大企業であったことも、日本国内において幅広く注目を集める材料となったようである。

　JR東日本社は2007年10月17日付のプレスリリース（https://www.jreast.co.jp/press/2007_2/20071011.pdf）を通して以下の地震デリバティブ契約の締結を発表した。

2007 年 10 月 17 日
東日本旅客鉄道株式会社

地震デリバティブ契約の締結について
～アレンジ型 CAT ボンド（大災害ボンド）スキームによる地震リスクの証券化～

- 当社は野村證券株式会社をアレンジャーとして、世界最大規模の再保険会社のひとつであるミュンヘン再保険会社（以下、「ミュンヘン再保険」）との間で、首都圏での地震発生時に震源の位置とマグニチュードに応じて支払いを受ける地震デリバティブ契約（契約期間　5年）を締結いたしました。
- 当社は円貨で毎年一定額をミュンヘン再保険に支払い、一定の条件の地震が発生した場合には最大で 260 百万ドルを受け取ることになります。
- 本地震デリバティブのリスクは、特別目的会社を通じて証券化され、CAT ボンド（大災害ボンド）として欧米を中心とした機関投資家に販売されました。
- 国内事業会社では、アレンジ型 CAT ボンドスキームや円貨によるプレミアム支払は初めてです。

このカタストロフィー・ボンドは「MIDORI Ltd.」と名称がつけられたSPC（ケイマン島に設立）により発行され、多くの欧米投資家により購入されたようだ。支払事由は「東京駅を中心とする半径40km以下のサークル内を震源とするマグニチュード7.0以上の地震（深さ60km以内）、及び半径70km以下のサークル内で半径40km以下のサークル内を除くリング内を震源とするマグニチュード7.2以上の地震（深さ60km以内）」とされ、マグニチュードの大きさに応じて支払パーセンテージが設定されている。支払事由の設定に関してはEQECAT社がリスクモデリング会社として採用され、Standard & Poor's社がBB＋の格付けを付与した。

カタストロフィー・ボンドの発行に際して、リスクモデリング会社の採用、格付け取得、債券発行体であるSPCの設立と管理、債券登録管理、信託機関への業務委託など、多くの費用が保証料に加えて必要となる。一方で、リスクを引受ける投資家が直接債券を購入することから、中間コストは省略される。したがって、ある程度の金額を超える大規模な補償枠の案件では、地震デリバティブのような相対取引よりもカタストロフィー・ボンド発行の方が調達費用を低く抑えることが可能となる。新規発行の市場環境にも大きく左右されるが、日本の地震など比較的低いクーポンの案件の場合、150百万米ドル（1米ドル＝120円換算で180億円）程度が選択の分岐点になると考えられる。

カタストロフィー・ボンドの大きな利点の一つは、支払事由が発生した場合に補償額が受益者に直接支払われる仕組を事前に取り組んでおり、補償額の受領に関する信用リスクを極小化していることである。投資家により払い込まれたカタストロフィー・ボンドの購入資金は、債券の発行期間中は信託機関に預けられ、高格付け金融商品で運用される。支払事由が確認された後、信託機関は運用している金融資産を金融市場で売却し、その資金は受益者の指定する銀行口座へ直接支払われるように事前にアレンジされている。

この点、地震デリバティブは取引相手の信用状態が重要となり、支払事由の発生時にその取引相手がデフォルト状態に陥るようでは、補償額の受領が危ぶまれる。

したがって、補償枠が150億円を超えるような大型の地震デリバティブを検討する場合、補償額の受領がより確実なカタストロフィー・ボンドも選択肢の一つになるだろう。

カタストロフィー・ボンドの証券化プログラムの中で受益者とSPCとの間で締結されるリスク移転契約は、日本の地震を投資対象とする場合には地震デリバティブとほぼ同様の条件で設定されると考えてよい。ただし、カタストロフィー・ボンドは信託機関で運用される資金管理が伴うため、補償額の支払や契約終了手続において地震デリバティブよりも長い日数が必要になる。保証料の支払は3カ月または6カ月ごとの後払で、その時々の補償枠の残高に対して保証料率を乗じて計算される。

日本企業がカタストロフィー・ボンドの発行を検討する際、最も悩ましいのは採用通貨の問題である。市場規模が成長しているとはいえ、カタストロフィー・ボンド市場は米国ドル建ての債券発行が主流である。したがって、日本企業は日本円と米国ドルの為替変動の影響を想定しなければならない。

一方で、最近ではユーロ建て債券も発行されるようになっており、LFC社によると2014年末の残高ベースではユーロ建て債券が8%程度を占めているとしている（出典：Lane Financial, LLC Annual Review for Four Quarters, Q2 2014 to Q1 2015）。カタストロフィー・ボンド市場が2兆円を超える規模に成長し、投資家層も拡大していることから、日本円建てカタストロフィー・ボンドの発行も近い将来に可能かもしれない。

おわりに

　私はこれまで、国際金融・証券化・再保険・企業保険といった分野の商品を、東京及びロンドンにおいて25年以上にわたって数多く取り扱ってきた。この度の出版によって、私が関わってきた金融商品を多くの方に紹介する機会を持つことができ、大変感慨深く思っている。

　本の制作にあたっては、地震デリバティブや自然災害リスク投資にそれほど触れる機会がない方々を読者として想定しつつ原稿をまとめた。それら金融商品が国内において十分に浸透していないであろうとの認識のもと、少しでも多くの方々にその存在を伝えたかったとの思いからである。

　これまでの報道で、地震デリバティブや自然災害リスク投資は人々に降りかかる天変地異などにより利益を得る投機的ビジネスだとする説明を見かけたことがあるが、これは見当違いであろう。

　本書では、自然災害リスクを補償または投資の対象とした金融商品の歴史を20年ほどにわたり紹介している。その中で、2005年のハリケーン・カトリーナと2011年の東日本大震災が市場に大きく影響を及ぼしたことに触

れている。この二つの巨大自然災害において「受益者」であった企業は地震デリバティブや自然災害リスク投資の当事者として補償を受けた側におり、補償額はその事業回復のための源資となっている。一方で、その反対側に位置する「補償提供者」や「投資家」は巨大自然災害において補償額の支払いや投資元本削減による資金供与を行い、事業や経済の復興に貢献する立場にいたのだ。

つまり、地震デリバティブや自然災害リスク投資は、巨大自然災害に際して社会や経済の復興に貢献し得る健全な金融商品であるということを、多くの人々に、ぜひ理解してもらいたい。

ここで、本書掲載のデータや画像など、資料の提供・公開を快諾頂いた以下の法人の皆様にも、改めてこの場で御礼を伝えたい。

国立研究開発法人・防災科学技術研究所
三井住友銀行
Swiss Re Group
Lane Financial, LLC
東日本旅客鉄道

(本文での掲載順、敬称略)

また、自然災害の危険度を分かりやすく解説した「二

つの巨大地震」を特別に寄稿して頂いた岩崎智哉氏（工学博士）に、この場を借りて感謝を伝えたい。

　最後になるが、数ある投稿の中から「地震デリバティブと自然災害リスク投資」という一般に馴染みのないテーマに注目頂いた出版社と、その担当者に御礼を申し上げたい。

　そして、本書を読んでいただいた方に感謝するとともに、近い将来、日本の金融市場において、本書で紹介したような金融商品が頻繁に開発・取引され、多くの企業のリスク・マネジメントに貢献するような環境が形成されることを切望してやまない。

2016年初夏

著　者

著者プロフィール

藤田 浩一（ふじた こういち）

立教大学法学部卒（1985年）。
都市銀行、国際保険ブローカー、大手再保険グループのロンドン及び東京オフィスにおいて、ストラクチャードファイナンス、自然災害リスク投資商品、自然災害デリバティブ、企業保険を手がける。
きみさらずゴルフリンクス所属（2016年5月時点）。

地震デリバティブと自然災害リスク投資

2016年7月15日　初版第1刷発行

著　者　藤田 浩一
発行者　瓜谷 綱延
発行所　株式会社文芸社
　　　　〒160-0022　東京都新宿区新宿1－10－1
　　　　　　　　　電話　03-5369-3060（代表）
　　　　　　　　　　　　03-5369-2299（販売）

印刷所　株式会社フクイン

©Koichi Fujita 2016 Printed in Japan
乱丁本・落丁本はお手数ですが小社販売部宛にお送りください。
送料小社負担にてお取り替えいたします。
本書の一部、あるいは全部を無断で複写・複製・転載・放映、データ配信することは、法律で認められた場合を除き、著作権の侵害となります。
ISBN978-4-286-17406-8